工业和信息化部"十四五"规划教材

U0597988

汽车类专业
人才培养系列教材

高亚男／主编

徐景波 曼茂立／副主编

汽车电器与
电路检修

微课版

人民邮电出版社
北京

图书在版编目（ＣＩＰ）数据

汽车电器与电路检修：微课版 / 高亚男主编. --
北京：人民邮电出版社，2024.2
汽车类专业人才培养系列教材
ISBN 978-7-115-61472-8

Ⅰ．①汽… Ⅱ．①高… Ⅲ．①汽车－电气设备－电路
－检修－教材 Ⅳ．①U472.41

中国国家版本馆CIP数据核字(2023)第053203号

内 容 提 要

本书较为全面地介绍了汽车电器系统的组成和原理、维护和保养、故障诊断等知识。全书共 8 个项目，包括汽车电器及电路基础训练、汽车电源系统故障检修、起动系统故障检修、点火系统故障、汽车照明与信号系统、汽车仪表与报警系统故障检修、汽车辅助电器与检修、汽车空调系统与检修。

本书可以作为职业院校汽车相关专业汽车电器、电路维护与检修课程的教材，并适合汽车维修与维护人员、汽车销售技术支持专业人员自学使用。

◆ 主　　编　高亚男
　　副 主 编　徐景波　曼茂立
　　责任编辑　刘晓东
　　责任印制　王　郁　焦志炜
◆ 人民邮电出版社出版发行　　北京市丰台区成寿寺路 11 号
　　邮编　100164　电子邮件　315@ptpress.com.cn
　　网址　https://www.ptpress.com.cn
　　涿州市京南印刷厂印刷
◆ 开本：787×1092　1/16
　　印张：12.5　　　　　　　　　2024 年 2 月第 1 版
　　字数：296 千字　　　　　　 2024 年 2 月河北第 1 次印刷

定价：49.80 元

读者服务热线：(010)81055256　印装质量热线：(010)81055316
反盗版热线：(010)81055315
广告经营许可证：京东市监广登字 20170147 号

党的二十大报告提出："推进新型工业化，加快建设制造强国"和"推动制造业高端化、智能化、绿色化发展"。本书全面贯彻党的二十大报告精神，结合企业生产实践，科学选取典型案例题材和安排学习内容，在学习者学习专业知识的同时，激发爱国热情、培养爱国情怀，树立绿色发展理念，培养和传承中国工匠精神，筑基中国梦。

课程建设与课程改革是提高教学质量的核心，也是教学改革的重点和难点。职业院校应积极与企业合作开发课程，根据技术领域和职业岗位群的需求，参照《国家职业技能标准》，改革课程体系和教学内容，建立突出职业能力培养的课程体系。为此，我们紧扣职业教育的教学目标，编写了本书。

本书以汽车基本电器系统为主线，详细介绍了汽车电器及电路基础训练、汽车电源系统故障检修、起动系统故障检修、点火系统故障、汽车照明与信号系统、汽车仪表与报警系统故障检修、汽车辅助电器与检修、汽车空调系统与检修 8 个基本项目。根据课程内容要求，本书设置了故障车辆接待与入厂检查、汽车蓄电池检修、点火系统主要元件的检查等 22 个任务，理论教学与实践教学交互进行，真正做到理论联系实际。本书围绕工作项目展开，以任务为载体，实现工学结合，依据工作情景构建教学情景，让学生在工作情景中完成工作过程，在完成工作过程中培养和发展职业能力，构建相关理论知识。

本书主要特点如下。

1．内容与维修行业需求紧密结合

本书的基础知识和技能知识与维修行业实际需求相一致，满足维修人员的基本知识需求，并涵盖汽车电器维修与检验等岗位的基本技能知识，使专业课程内容与职业标准对接，保证人才培养与企业需求"零距离"对接。

2．采用"项目导向、任务驱动"模式的编写思路

每个项目由汽车行业典型故障案例引入，以工作过程为导向，明确学习目标，给予学生针对性很强的专业指导和训练。本书体现了职业教育的特色，能让学生做到学以致用，并能满足高端技能型人才的培养要求。

3．以大量的真实案例为载体，结合实际，强调过程

本书中使用的大量案例均来自实际汽车维修中。根据汽车维修岗位需求驱动教学过程，以学生为主体，使学生发现问题、主动参与解决问题，体现以能力为本的教学思想。

本书由高亚男任主编，徐景波、曼茂立任副主编，张全逾、王亮、赵天宇、王亮参与了编写，由高亚男统稿。

由于编者水平有限，书中不妥或疏漏之处在所难免，殷切希望广大读者批评指正。

编　者
2023 年 9 月

目录

项目一
汽车电器及电路基础训练

【项目引入】

汽车电器与电子控制（简称电控）系统是汽车的重要组成部分，其性能的好坏直接影响汽车的动力性、经济性、安全性、可靠性、舒适性及排放性。蓄电池、起动机、发电机、灯光照明等汽车电器设备是汽车电器与电子控制系统的基础，多年来它们在汽车工业中发挥了极其重要的作用，并将继续发挥其应有的作用。汽车电器与电子控制技术发展到今天，发动机、变速器、悬架、制动系统、转向系统、门锁控制、车身控制等各大系统都已电子化，汽车电子化程度已成为衡量汽车技术水平和先进性的重要标志。

本项目通过对汽车电器基础知识的介绍，帮助读者掌握汽车电路的结构组成、常用图形符号、标志、工作原理与基本识图要领等理论知识；同时通过对汽车电路的故障诊断、检测与排除等过程的实施，培养读者对汽车电路不工作或工作不正常等常见故障的分析与排除能力。

【学习目标】

1. 了解汽车电器设备的基本组成和特点。
2. 熟悉汽车电器系统常见的符号。
3. 熟悉常用电器检测工具的使用。
4. 能够合理运用检测和维修工具进行汽车电器系统检测和维修。

任务一　故障车辆接待与入厂检查

一、理论知识准备

微课

汽车电器设备的
组成

1. 汽车电器设备的组成

（1）电源部分

电源部分包括发电机及蓄电池。当发电机工作时，由发电机向全车用电设备供电，同时给蓄电池充电；蓄电池在起动发动机时向起动机供电，并在发电机不工作时向用电设备供电。

有些车型的发电机本身没有电压调节器，需要配置电压调节器才能工作。电压调节器的作用是使发电机的输出电压保持恒定。

（2）用电设备

汽车上的用电设备很多，但基本的用电设备大致可分为起动系统，点火系统，照明与信号装置，仪表、报警与电子显示装置，辅助电器系统，以及电子控制系统等。

① 起动系统

其作用是起动发动机。起动系统由起动机、起动继电器及起动开关组成。

② 点火系统

其作用是产生电火花，点燃可燃混合气。点火系统分为电子点火系统与微机控制点火系统两大类。目前，在电控发动机汽车上广泛使用微机控制点火系统，在部分化油器式发动机上使用电子点火系统。

③ 照明与信号装置

照明装置包括车内、外各种照明灯及提供夜间安全行驶必要灯光的灯，其中前照灯最为重要。信号装置包括电喇叭、闪光器、蜂鸣器及各种信号灯，主要用来提供安全行车所必需的信号。

④ 仪表、报警与电子显示装置

仪表装置包括润滑油压力表、冷却液温度表、燃油表、车速里程表等。报警装置与电子显示装置用来显示汽车各系统的工况，比仪表装置更方便、直观，且显示的信息量更大。

⑤ 辅助电器系统

辅助电器系统包括电动刮水器、风窗洗涤器、风窗加热器、汽车空调、汽车音响、安全气囊、中控门锁系统、电动车窗、电动天窗、电动后视镜、电动座椅及防撞雷达系统等。

⑥ 电子控制系统

电子控制系统包括电控燃油喷射装置、电控点火装置、防抱死制动系统、自动变速器、电控悬架系统及自动巡行控制系统等。采用电子控制系统可提高汽车的动力性、经济性、安全性并达到净化排气的目的。

（3）配电装置

配电装置包括中央接线盒、电路开关、保险装置、插接器和导线等。

2. 汽车电器设备的特点

微课

汽车电器设备的
特点

与其他电器设备不同，汽车电器设备有其自身的特点。

（1）直流

尽管汽车采用交流发电机作为并联电源之一，但汽车的所有用电设备使用的都是直流电，即汽车电系为直流电系。

（2）低压

汽车电系的额定电压有 12 V、24 V 两种，汽油车普遍采用 12 V 电系，重型柴油车则多采用 24 V 电系。

（3）单线制

单线制是指从电源到用电设备只用一根导线连接，而用汽车底盘、车架和发动机等金属机体作为另一根公用导线。单线制节省导线、线路清晰，安装和检修方便，且电器也不需与车体绝缘，因此，现代汽车均采用单线制。

（4）负极搭铁

采用单线制时，将蓄电池的负极接车架称为"负极搭铁"；将蓄电池的正极接车架，则称为"正极搭铁"。按照国家标准，我国的汽车电系均采用负极搭铁。

二、任务组织

1. 任务目的与要求

（1）掌握车辆的接待与交接程序，能够与客户进行有关故障现象的交流。

（2）掌握车辆基本检查方法，熟悉常用汽车电器的操作和使用方法。

（3）熟悉汽车维修施工单的主要内容，能够正确填写承修车辆的检查单和施工单。

（4）核心技能：具备团队协作能力、与客户的交流能力。

2. 任务设备及工具

（1）实训轿车。

（2）电工工具、数字万用表等检查工具。

3. 安全与环保教育

（1）使用实训轿车前，必须先将挡位置于"空挡"（自动挡置于"P"挡），手刹置于"制动"状态。

（2）移动车辆时，应由司机或专门接车人员操作，学员不能自行驾驶车辆。

（3）维修作业前应检查设备、工具和场地，熟悉操作规程。

（4）检查时必须先放置座椅和车身护罩，爱护维修车辆。

三、任务知识准备

故障车辆接待是汽车电器检修工作的第一步，对故障诊断结果、检修效率、检修质量及企业的信誉起到至关重要的作用。故障车辆接待一般包括客户陈述记录、入厂车辆的基本检查和施工单的填写等步骤。

1. 客户陈述记录

经总结与归纳后的客户陈述，应该由以下3个部分组成。

（1）基本信息

车辆的品牌、型号、购买时间、行驶里程、保养状况、主要行驶路面的特征，以及最后一次保养或维修的日期与内容等，都属于该车辆的基本信息。其中，购入的是新车还是二手车？车辆经常行驶的路面是以高速公路为主、以城市道路为主，还是以乡村道路为主？车辆准确的累计行驶里程是多少？这些信息的集合，能描述目前大致的车况。

（2）故障现象

引导客户将故障发生时的印象与感受，用通俗的语言表述出来。比如："我几乎每天早晨在起动发动机的时候，或者在急加速的时候，车头那里都会传来类似鸟叫的声音。"这句话就非常生动地描述了故障发生的频率、诱发故障的两个条件与故障的异响特征。另外，对各类故障发生时的车速、挡位、发动机转速、水温、道路、天气，以及空调、灯光等辅助设备的使用情况进行准确的描述，也是非常重要的。因为这些信息将有助于维修技师缩小故障检查与诊断的范围，缩短维修时间。

（3）故障历史

要尽量使客户说明是突发性故障还是渐进式故障，以及诱发故障的条件或故障渐进的过程与特征。这将有助于提高维修技师的工作效率与维修质量。比如："昨天下班时下大雨，车辆在冲过一个水洼后，今天发现发动机怠速时有明显的抖动。"

正确理解与尊重客户对故障的描述，并将客户的重要口述直接记录在维修工单中，以便于维修技师能够一次性了解更多的相关信息，以缩短故障判断与故障排除的时间。

2. 入厂车辆的基本检查

故障车辆入厂时应对其进行基本检查，确定车辆的基本现状，填写入厂检查单。根据故障现象初步确定检修方案，填写施工单。

（1）起动状态检查

正确操作车辆，听起动声音，判断起动是否正常。

（2）仪表指示状态检查

观察仪表指示状态是确定汽车现状的基本方法，检查内容如下。

① 燃油表及警告灯指示。

② 水温表及警告灯指示。

③ 自动变速器挡位指示。

④ 发动机警告灯。

⑤ 驻车指示灯。

⑥ 机油压力警告灯。

⑦ 驱动防滑指示灯。

⑧ ABS（Antilock Braking System，防抱装置）警告灯。

⑨ 充电指示灯等。

点火开关处于"ON"位置时指示灯全亮，起动后指示灯全部熄灭，为正常状态。

（3）外观和辅助电器检查

通常检修车辆都有一定的外观和辅助电器缺陷，为防止交车时造成纠纷，入厂时应对外观和辅助电器等做必要的检查。检查内容如下。

① 车身检查及缺陷记录。

② 内饰检查及缺陷记录。

③ 音响等辅助电器检查及缺陷记录。

④ 随车携带物品检查及记录。

⑤ 后备箱物品检查及记录。

3. 施工单的填写

一般维修费为 1 万元以上则应由客户与修理厂签署正式的维修合同和施工单，1 万元及以下的施工单（接车单）视为维修合同。施工单是重要的原始凭证，和维修合同一样具有法律效力，因此需要真实填写。如果在维修过程中出现添加或更改维修项目的情况，必须在施工单上及时反映出来。

四、任务实施

1. 施工单填写

施工单包括车辆信息、故障陈述、委托事项和维修内容等。采用角色扮演法，即由教师扮演客户、学生扮演接待员，记录客户委托和车辆信息并填入表 1-1 中。

表 1-1 汽车维修施工单

工单号： 接待员： 客户签字：

车牌号		VIN			
客户 ID		客户姓名			
邮政编码		地址			
电话号码 1		电话号码 2			
车型		SFX		外观色	
上次行驶里程		入厂规定		卡号	
故障陈述		委托事项		维修内容	

注：VIN 表示车辆识别代码；SFX 表示车辆类型号。

2. 故障车辆的入厂基本检查

（1）起动状态检查。把实训轿车挡位置于空挡，起动轿车并检查起动情况，将检查记录填入表 1-2 中。

表 1-2 起动状态检查表

起动次数	起动时间	起动声音情况	起动是否正常

（2）将实训轿车点火开关置于"ON"并检查仪表和警告灯，然后起动轿车再次观察仪表和警告灯，将检查结果填入表 1-3 中。

表 1-3 轿车仪表及警告灯工作状况表

警告灯	⌨	(!)	🛢	VSC TRC	
名称状态					燃油表 挡位 水温表
警告灯	⏻	(( ))	🔋	⊟	
名称状态					
警告灯	🔔	🛢	VSC OFF	O/D OFF	
名称状态					

（3）观察实训轿车，找出外观缺陷，将检查结果填入表 1-4 中。

表 1-4　外观检查表

序号	外观瑕疵	瑕疵位置标注
1	有裂纹（例）	①
2		
3		
4		

（4）检查实训轿车，将车辆辅助电器及附属物检查结果填入表 1-5 中。

表 1-5　车辆辅助电器及附属物检查表

车牌号		车型		行驶里程		维修日期	
随车附件：良好（打√）；有问题（打×）		点烟器			音响		
		升降器			备胎		
		钢圈护盖			中控锁		
		随车工具			车内物品		
		内饰情况					

任务二　汽车电器元件检查

一、理论知识准备

微课

理论知识准备

汽车电器故障的检查方法主要有汽车电器就车检查、元器件检查和电器线路检查等，主要检查工具是万用表、短路线和试灯。万用表的使用、就车检查、元器件检查、电器线路检查等是汽车电器故障诊断和排除的基础。

1. 指针式万用表

指针式万用表有 500 型、MF9 型、MF10 型等多种型号。万用表一般都具有测量直流电压、直流电流、交流电压、静态电阻等多种功能，有的还能测量交流电流、电容量、电感量，以及二极管等的某些参数等。

指针式万用表具有显示直观、抗过载能力强、结实耐用等优点，但是也具有测量精度低、输入阻抗低、功能少等缺点，其适用于一般汽车电器的检查。对于带有电子控制单元

（Electronic Control Unit，ECU）的汽车电控系统检查，应使用数字万用表。

2. 数字万用表

数字万用表具有测量精度高、灵敏度高、速度快及数字显示等特点，在汽车维修应用领域中，正在逐步取代指针式万用表。

DT—890 型数字万用表的面板如图 1-1 所示，该万用表前后面板主要包括液晶显示器、电源开关、功能（量程）选择开关、h_{FE} 插孔、输入插孔等。

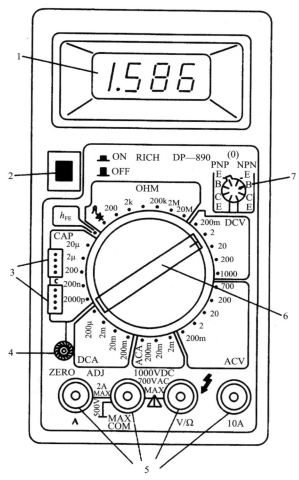

1—液晶显示器；2—电源开关；3—电容器插孔；4—测电容零点调节旋钮；

5—输入插孔；6—功能（量程）选择开关；7—h_{FE} 插孔

图 1-1　DT—890 型数字万用表的面板

二、任务组织

1. 任务目的与要求

（1）能够使用万用表检测常用电子元器件。

（2）能够使用万用表检测常用汽车元器件。

（3）核心技能：掌握数字万用表的使用方法。

2. 任务设备及工具

（1）数字万用表等检查工具。

（2）电阻器、电容器、二极管等电子元器件。

（3）蓄电池、点火线圈、高压线、灯泡等常见汽车元器件。

3. 安全与环保教育

（1）使用万用表前，应检查万用表转换开关的挡位与所要测量的参数是否一致，操作错误可致万用表和元器件损坏。

（2）在车上拆卸元器件时，应断开蓄电池正极，防止短路打火损坏车载计算机。

（3）在实车检查时，应使用高阻数字万用表，尽量少用试灯和短路线。

三、任务知识准备

电子元器件的测量主要包括以下几部分内容。

1. 电阻测量

使用时，将黑色探针（表笔）插入"COM"插孔、红色探针插入"V/Ω"插孔，按下"ON/OFF"开关，如液晶显示屏左上角无"LOW BAT"字样，则意味着电池电压正常，可进行测量。在进行电阻测量前，即探针开路时，液晶屏显示"1"。电阻测量方法如图1-2所示。

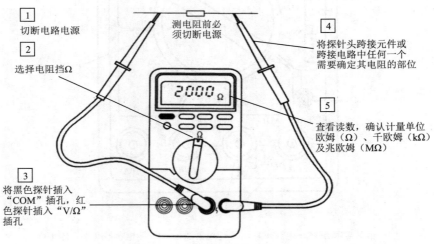

图1-2　电阻测量方法

2. 电压测量

使用时，将黑色探针插入"COM"插孔、红色探针插入"V/Ω"插孔，按下"ON/OFF"开关。在进行直流电压及交流电压测量时，应将功能选择开关转到相应测量范围，在未测量时，液晶屏显示"000"。电压测量方法如图1-3所示。

3. 电流测量

使用时，将黑色探针插入"COM"插孔、红色探针插入"A"或"10 A"插孔，按下

"ON/OFF"开关。测量电流与测量其他参数不同，需要断开电路，把万用表串联在电路中。电流测量方法如图1-4所示。

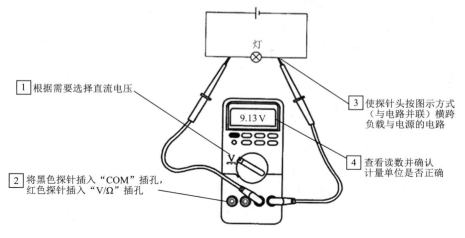

图1-3　电压测量方法

1 根据需要选择直流电压

2 将黑色探针插入"COM"插孔，红色探针插入"V/Ω"插孔

3 使探针头按图示方式（与电路并联）横跨负载与电源的电路

4 查看读数并确认计量单位是否正确

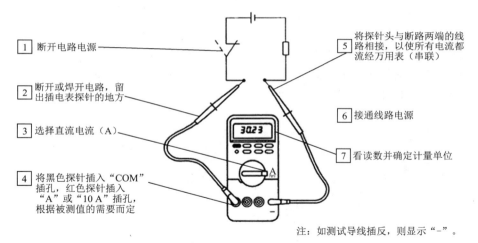

1 断开电路电源

2 断开或焊开电路，留出插电表探针的地方

3 选择直流电流（A）

4 将黑色探针插入"COM"插孔，红色探针插入"A"或"10 A"插孔，根据被测值的需要而定

5 将探针头与断路两端的线路相接，以使所有电流都流经万用表（串联）

6 接通线路电源

7 看读数并确定计量单位

注：如测试导线插反，则显示"–"。

图1-4　电流测量方法

4. 电容的测量

（1）用数字万用表测量电容

数字万用表一般用于测量200 μF以下电容器的电容大小，对于200 μF以上电容器可以通过测量电阻来观察电容器的充放电情况，由此判断电容器的好坏。

使用数字万用表对电容大小进行测量时，将功能选择开关置于CAP的相应挡位，将电容器插入电容器插孔。由于各电容挡都存在失调电压，即没有电容时也会显示一些初始值，因而测量前必须调整"ZERO ADJ"（零点调节）旋钮（简称调零），使初始值为000或-000，然后再插上被测电容器进行测量。必须注意，每次更换电容挡时，都要重新调零。还应事先将被测电容短路放电，以免造成仪表损坏或测量不准。

（2）用指针式万用表测量电容

指针式万用表不能直接测量电容器的准确容量值，但可以使用电阻挡判断其基本质量，方法如下。

测试漏电电阻（适用于 0.1 μF 以上容量的电容器）：用指针式万用表的电阻挡（$R×100$ 或 $R×1k$），将表笔接触电容器的两根引线。刚接触时，由于电容器充电电流大，表头指针偏转角度也大，随着充电电流减小，指针逐渐向 $R=\infty$ 方向返回，最后稳定处即漏电电阻值。一般电容器的漏电电阻为几百兆欧姆至几千兆欧姆，漏电电阻相对小的电容器质量不好。测量时，若表头指针指到或接近欧姆零点，则表明电容器内部短路；若指针不动，始终指向 $R=\infty$ 处，则意味着电容器内部断路或已失效。对于电容量在 0.1 μF 以下的小电容器，由于漏电电阻接近 ∞，难以分辨，故不能用此法测试漏电电阻或判定电容器好坏。

电解电容器的极性检测：电解电容器的正、负极性不允许接错，当极性接反时，可能因电解液的反向极化，引起电解电容器的爆裂。当极性标记无法辨认时，可根据正向连接时漏电电阻大、反向连接时漏电电阻相对小的特点来判断极性。交换表笔前后两次测量漏电电阻，阻值大的一次，黑表笔接触的是正极，因为黑表笔与指针式万用表内的电池正极相接。但用这种办法有时并不能明显地区分正、负极性，所以在使用电解电容器时，要注意保护其极性标记。

5. 二极管的测量

使用数字万用表可以测量二极管的正向压降，从而判断二极管的性能。

二极管测量方法如图 1-5 所示，测量二极管时，功能选择开关置于二极管挡，红色探针插入 "V/Ω" 插孔，接二极管正极，黑色探针插入 "COM" 插孔，接二极管负极，则测出数值为其正向压降。据此正向压降值可以确定二极管为硅管（0.50～0.75 V）还是锗管（0.15～0.30 V），并可以判断二极管的好坏和极性。

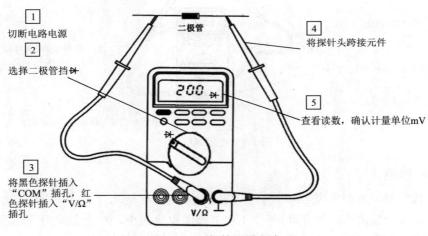

1 切断电路电源
2 选择二极管挡 ▷⊦
3 将黑色探针插入 "COM" 插孔，红色探针插入 "V/Ω" 插孔
4 将探针头跨接元件
5 查看读数，确认计量单位 mV

二极管

图 1-5　二极管测量方法

四、任务实施

按照万用表的检测方法测量常用电子元器件和常用汽车元器件，并进行分析。

1. 电阻的测量

使用数字万用表测量电阻，将电阻测量结果填入表 1-6 中，并进行分析。

表 1-6　电阻测量记录

数字万用表型号＿＿＿＿＿＿

电阻标称值	测量值	绝对误差	相对误差	测量挡位	结论

2. 电容的测量

（1）数字万用表测量电容

使用数字万用表测量电容，先选择好合适的挡位，然后将电容器插入测量专用插孔，经数秒钟稳定后，即可读数。将测量结果填入表 1-7 中，并进行分析。

表 1-7　电容测量记录 1

数字万用表型号＿＿＿＿＿＿

电容标称值	测量值	绝对误差	相对误差	测量挡位	结论

（2）指针式万用表测量电容

使用指针式万用表测量电容器的性能，将测量结果填入表 1-8 中，并进行分析。

表 1-8　电容测量记录 2

指针式万用表型号＿＿＿＿＿＿

电容标称值	最小电阻	漏电电阻	测量挡位	结论

3. 二极管的测量

使用数字万用表测量二极管的正向压降，将测量结果填入表 1-9 中，并进行分析。

表 1-9　二极管测量记录

数字万用表型号＿＿＿＿＿＿

二极管型号	正向压降	二极管类型	结论

任务三　汽车线路检查

一、理论知识准备

1. 汽车电路图形式

汽车电路图有汽车线路图、汽车电路原理图及汽车线束图等形式。

（1）汽车线路图

汽车线路图是厂家提供的，反映全车电器信息的电路图，如图1-6所示。

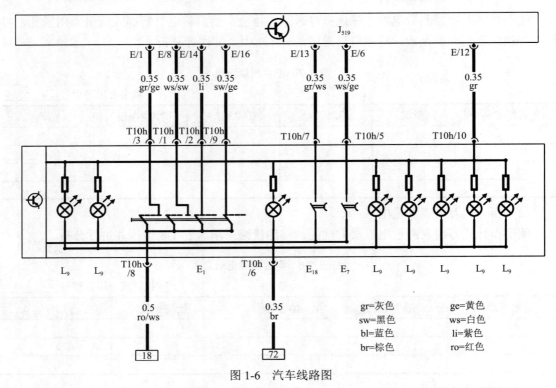

图1-6　汽车线路图

汽车线路图可以真实反映电器设备之间的导线连接情况，它所反映的电器设备的安装位置、外形和导线走向都与实际情况一致。

汽车线路图的优点是：全车的电器（即电器设备）数量明确，导线的走向清楚，有始有终，便于循线跟踪，查找起来也比较方便。

汽车线路图的缺点是：图上电线纵横交错，印制版面小则不易分辨，版面过大则印刷受限制；读图、画图费时费力，不易抓住电路重点、难点；不易表达电路内部结构与工作原理。

（2）汽车电路原理图

汽车电路原理图是根据国家或有关部门制定的标准，用规定的图形符号绘制的较为简明的电路图，用来表达电路的工作原理和连接状态，如图1-7所示。

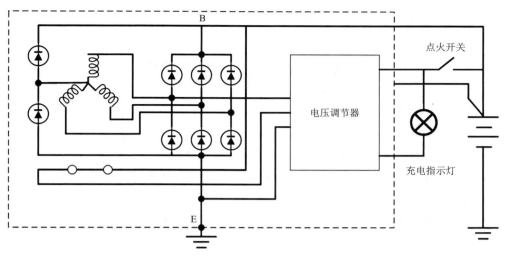

图 1-7　汽车电路原理图

为了生产与教学的需要，常常需要尽快找到某条电路的始末，以便确定故障分析的路线。在分析故障原因时，不能孤立地局限于某一部分，而要将这一部分电路在整车电路中的位置及与相关电路的联系都表达出来。

汽车电路原理图的优点在于：对全车电路有完整的体现，它既是一幅完整的全车电路图，又是一幅互相联系的局部电路图；其重点、难点突出，繁简适当。

（3）汽车线束图

汽车线束图主要表明电线束与各电器的连接部位、接线柱的标记、线头、插接器（连接器）的形状及位置等，它体现的是人们在汽车上能够实际接触到的汽车电路，如图 1-8 所示。

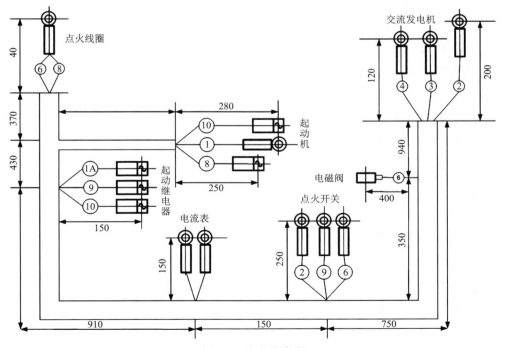

图 1-8　汽车线束图

汽车线束图常用于汽车厂总装线和修理厂的连接检修与配线。

这种图一般不详细描绘线束内部的电线走向，只将露在线束外面的线头与插接器详细编号或用字母标记。它是一种突出装配记号的电路表现形式，非常便于安装、配线、检测与维修。

2. 汽车电路分析的一般原则

（1）汽车电路为单线制。一般来说，汽车上所有电器设备的正极均采用导线相互连接，而所有的负极则分别与车架或车身金属部分相连（即搭铁）。

（2）用电设备均采用并联。汽车上的两个电源（蓄电池与发电机）之间以及所有用电设备之间，都是采用正极接正极、负极接负极的并联连接。

（3）汽车电路为负极搭铁。一般说来，汽车线路都是负极搭铁，负极搭铁对车架或车身的化学腐蚀较轻，对无线电的干扰较小。

（4）电流表串联在电源电路中。起动电流等大电流不通过电流表。

（5）电路中均有保险装置。防止因短路烧坏电缆和用电设备。

（6）电路有共同的布局。各种电器设备均按其用途安装于相应位置，形成汽车电器电路的走向和布局的共性。

（7）汽车导线具有颜色和编号特征。为了便于区别各线路的连接，汽车的所有低压导线，必须选用不同颜色的单色或双色线，并在每根导线上编号，编号由生产厂家统一编定。

（8）将导线做成线束。为了使全车导线不凌乱，便于安装和绝缘保护，将导线做成线束。一辆汽车可以有多个线束。

（9）汽车电器电路由各独立电系组成。应找出单个系统再分析。

二、任务组织

1. 任务目的与要求

（1）能够使用万用表检查汽车保险和继电器。

（2）能够利用万用表判断汽车线路断路和短路。

（3）核心技能：掌握汽车线路的认识与检查方法。

2. 任务设备及工具

（1）实训轿车和全车线路实验台。

（2）数字万用表等检查工具。

（3）汽车保险、继电器及中央配线盒等。

3. 安全与环保教育

（1）车上保险、继电器和插头不可随意插拔，以防造成人为故障。

（2）在进行实车线路检查时，应掌握动作要领，以防损坏插头和线路。

三、任务知识准备

汽车保险和继电器检查是汽车电器维修的基本检查手段，汽车线路的通断判断是汽车电器故障诊断的基础。

1. 汽车保险的认识与测量

汽车保险也叫熔断器，在电路中起保护作用。当电路中流过超过规定大小的电流时，保险的熔丝因自身发热而熔断，将会切断电路，从而防止烧坏电路连接导线和用电设备，并把故障限制在最小范围内。保险的主要元件是熔丝（片），其材料是锌、锡、铅、铜等金属的合金。保险用不同的颜色来区别容量。常见的汽车保险如图 1-9 所示。

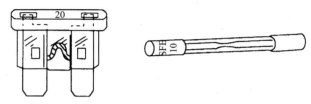

图 1-9　常见的汽车保险

一般情况下，在环境温度为 18～32℃、流过保险的电流为额定电流的 1.1 倍时，熔丝不熔断；达到额定电流的 1.35 倍时，熔丝将在 60 s 以内熔断；达到额定电流的 1.5 倍时，20 A 以内的熔丝将在 15 s 以内熔断，30 A 的熔丝将在 30 s 以内熔断。

在使用保险时应注意以下几点。

（1）保险熔断后，必须找到故障的真正原因，彻底排除故障。

（2）更换保险时，一定要与原规格相同；在汽车上增加用电设备时，不要随意改用容量大的保险，最好再另外安装保险。

（3）行驶途中熔断器熔断后的应急处理：可用其他电路的相同或稍大容量的熔断器替代；如果其他电路也需要工作，可暂时采用细导线代替其他电路的熔断器。一旦到达目的地或有新的熔断器，应及时更换。

表 1-10 所示为汽车保险颜色与额定电流的对应关系，了解此内容可以帮助维修人员快速识别汽车保险的规格。

表 1-10　汽车保险颜色与额定电流的对应关系

颜色	额定电流/A
红	10
蓝	15
黄	20
无色	25
绿	30

汽车保险外壳为透明塑料，检查时可以通过对光观察通断，也可以用万用表检查。汽车保险的测量如图 1-10 所示。

2. 汽车继电器的检查

进行汽车继电器的检查时，首先要了解继电器的类型和电路符号及接脚标识（一般在继电器后部都有标注），然后再进行检查，一般分为继电器线圈检查和继电器触点通断状态检查。

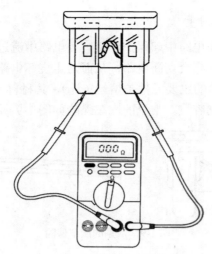

图 1-10　汽车保险的测量

（1）继电器线圈检查

表 1-11 所示为继电器的检测方法。用万用表测量继电器线圈的电阻，继电器的型号不一样，其线圈的电阻也不一样，通过检测线圈的电阻，可判断继电器是否正常。其方法是用万用表的欧姆挡，将两表笔分别接线圈的两引脚，如测得的电阻值与标称值基本相同则表明线圈良好，如电阻值为∞则表明线圈开路。如果线圈有局部短路，用此方法不易发现。

表 1-11　继电器的检测方法

继电器结构	条件	测试端子	导通情况
	固定	1—2	导通，约 60~80Ω 电阻
	1—2 加电压	3—5	导通
	固定	3—5	导通，约 60~80Ω 电阻
		2—4	导通
	3—5 加电压	1—4	导通

（2）继电器触点通断状态检查

将继电器线圈两端通 12 V 电压（可用蓄电池提供），此时若能清晰地听到触点的动作声，则触点动作正常。

用万用表判断触点的通断情况，结果更加准确、可靠。检测继电器触点的接触电阻应用万用表的 $R\times1$ 挡，两表笔分别接常闭触点的两引脚，其阻值应为 0 Ω；然后将两表笔分别接常开触点的两引脚，其阻值应为∞。之后给继电器通电，使衔铁运动，将常闭触点转为开路、将常开触点转为闭合，再用上述方法进行检测，其阻值正好与初次测量的相反，则表明触点良好。如果在触点闭合时测出有阻值，说明该触点在打开时阻值不为∞，也说明该触点有问题，需检测后再使用。

3. **汽车导线和线束的认识与测量**

汽车导线有低压导线和高压导线两种，二者均采用铜质多芯软线。

（1）低压导线

① 导线的截面积

导线的截面积主要根据其工作电流选择，但是对于一些工作电流较小的汽车电器，为保证其具有一定的机械强度，汽车电器中导线的截面积不得小于 0.5 mm^2。各种低压导线标称截面积允许的负载电流值如表 1-12 所示。

表 1-12　各种低压导线标称截面积允许的负载电流值

低压导线标称截面积/mm^2	1.0	1.5	2.5	3.0	4.0	6.0	10	13
允许的负载电流值/A	11	14	20	22	25	35	50	60

② 导线颜色

各国汽车厂商在电路图上多以字母（主要是英文字母）来表示导线外皮的颜色及其条纹的颜色。日本汽车厂商常用单个字母表示，个别用双字母，其中后一位是小写字母；我国汽车厂商的标准大体上与日本的相同；美国汽车厂商常用 2～3 个字母表示一种颜色，如果导线上有条纹，则要书写较多字母；德国汽车厂商的汽车导线颜色代号类型较多，不同厂商甚至同一厂商的不同车型都不尽相同。双色线标注的第一色为主色，第二色为辅助色。导线颜色是查找线路的重要依据。

（2）高压导线

在汽车点火线圈至火花塞之间的电路使用高压点火线，简称高压导线。它分为普通铜芯高压导线及高压阻尼点火线。高压阻尼点火线可抑制和衰减点火系统产生的高频电磁波，降低其对无线电设备及电控装置的干扰。

（3）线束

汽车的低压导线除蓄电池导线外，都用绝缘材料如薄聚氯乙烯带缠绕包扎成束，以避免水、油的侵蚀及磨损。在线束布线过程中不应拉得太紧，线束穿过洞口或绕过锐角处都应有套管保护。线束位置确定后，应用卡簧或绊钉固定，以免线束松动、损坏。

（4）线路通断的判断

① 采用电压测量法判断线路的通断。

利用开路电压等于电源电压（蓄电池电压或发电机电压）、短路电压等于 0 V 这一电路的基本性质，判断线路的通断。

如图 1-11 所示，如果测量线路电压为蓄电池电压，而测量线路外还有其他负载，可以判断该线路断路，如果线路有开关则开关断开。

如图 1-12 所示，如果测量的线路电压为 0 V，该段线路为短路，如果测量的是开关则开关闭合。

② 采用电阻法判断线路的通断。

线路通断检测时，将红色表笔插入"V/Ω"孔，黑色表笔插入"COM"孔，挡位置于最小电阻量程（通断判断挡），若被测两点间电阻小于 30 Ω，则声、光同时指示，提示"导通"。

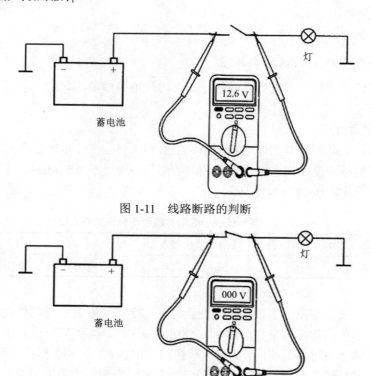

图 1-11　线路断路的判断

图 1-12　线路短路的判断

如图 1-13 所示，如果线路短路则电阻为 0 Ω（或小于 1 Ω），如果线路断路则电阻为 ∞（数字万用表显示为 1）。

在汽车线路测量电阻时应断开测量线路的正极或负极

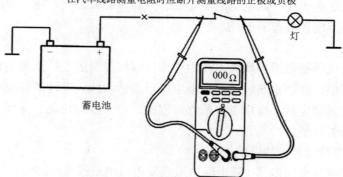

图 1-13　采用电阻法判断线路的通断

注意：在汽车线路测量电阻时一定要断开测量线路的正极或负极，可以通过断开保险、插头或者负载的方式实现。因为很多负载共用一个电源时会形成并联电路，如不断开，测量的是整个并联电路的电阻，从而影响对线路通断的判断。

四、任务实施

1. 汽车保险的认识和检查

认识实训轿车常用保险，并用目测和万用表判断保险的好坏，将检查结果填入表 1-13 中。

表 1-13　汽车保险的认识和检查

保险规格/A	保险颜色	目测是否熔断	保险电阻/Ω	用途举例	结论

提示：用途举例为该规格保险的应用，如"捷达喇叭保险"。

2. 汽车继电器的认识和检查

按照工艺要求对实训轿车进行继电器检查，并将检查结果填入表 1-14 中。

表 1-14　汽车继电器的认识和检查

继电器标识号	线圈接脚	触点接脚	线圈阻值	开关通断情况	结论

小结

在本项目中，通过对汽车电器基础知识、汽车电器元件及汽车线路等知识的学习，读者可掌握汽车电器的基本组成和特点，掌握汽车主要电器元件的组成、作用和工作原理，掌握汽车电路图的基本读图方法。通过实训操作，读者可掌握故障车辆接待的基本步骤和方法，掌握基本汽车电器元件的检查方法，具备汽车基本电器故障判断和线路检查的能力。

习　题

1. 汽车电器设备的组成有哪些？
2. 数字万用表的二极管挡的作用是什么？
3. 写出常见汽车保险的颜色和规格。
4. 写出汽车继电器的测量方法。

项目二
汽车电源系统故障检修

【项目引入】

电源系统是整车电器设备的能量来源。电源系统主要由蓄电池、发电机、电压调节器、电源系统管理模块及充电指示电路等组成。蓄电池是辅助电源，它在发动机不工作时为系统提供电能并同时对电源系统起到一定的保护作用。发电机是主要电源，和蓄电池并联安装，发电机在正常工作时，为汽车所有的用电设备提供电能。

本项目主要是针对现代汽车的电源系统，通过基于现代汽车电源系统的教、学、做，帮助读者达到熟悉电源系统的型号、工作特性、种类与特点、作用、结构与工作原理、正确使用与维护方法的目的；读者通过对电源系统的故障诊断、检修、拆装等过程的实施，可具备对电源系统的充电指示灯异常，蓄电池、交流发电机工作异常等常见故障的分析与排除能力。

【学习目标】

1. 了解汽车铅酸蓄电池的工作原理与结构。
2. 了解汽车交流发电机的结构与工作原理。
3. 学会检查蓄电池的性能状态并正确进行充电。
4. 能够完成汽车交流发电机的拆装并进行检测。
5. 掌握汽车蓄电池和交流发电机常见故障的诊断与排除方法。

任务一　汽车蓄电池检修

一、理论知识准备

1. 车用蓄电池的种类及型号

蓄电池，又称二次电池，是一种可逆的低压直流电源，是靠内部的化学反应来存储电能和释放电能的装置。

（1）车用蓄电池的作用、种类及特点

车用蓄电池的功用是在发动机启动时，向起动机和点火系统供电；发电机不工作或电压较低时向用电设备供电；发电机超载时，协助发电机供电；发电机端电压高于蓄电池电动势时，将发电机的电能转化为化学能储存起来。另外，蓄电池还相当于一个大电容器，能够吸收发电机的过电压，保护车用电子元件。

蓄电池是一种将化学能转化为电能的装置，是可逆的直流电源。蓄电池的作用是为汽车发动机启动提供电能。为满足发动机启动的需求，蓄电池应保证在 5～10 s 的短时间内，为汽车起动机提供足够大的电流。通常启动电流为 100～600 A。

根据蓄电池的种类及特点可将蓄电池分为铅酸蓄电池、碱性蓄电池、干荷蓄电池等。

铅酸蓄电池具有内阻小、启动性能好，以及结构简单、价格低廉的特点，性价比较高，因此在汽车上得到了广泛应用。

（2）车用蓄电池的型号

车用蓄电池的型号由 3 部分组成，其排列与含义如下。

| 串联单格电池数 | 电池类型和特征 | 额定容量 |

① 串联单格电池数。用阿拉伯数字表示。

② 电池类型和特征。用一个汉语拼音字母表示，代表蓄电池类型，如启动型蓄电池用"Q"表示。电池特征为附加部分，用一个汉语拼音字母表示，仅在同类用途的产品有某种特征而在型号中又必须加以区别时采用。当产品同时具有两种特征时，应按顺序将两个特征代号并排，各代号具体含义如表 2-1 所示。

③ 额定容量。指 20 h 放电率时的额定容量，用阿拉伯数字表示，单位为 A·h，在型号中可省略不写。有时在额定容量后面用一个字母表示特殊性能，如 G 表示高启动率，S 表示塑料外壳，D 表示低温启动性好。

表 2-1　常见电池产品特征代号

序号	1	2	3	4	5	6	7
产品	干电荷	湿电荷	免维护	少维护	激活式	密闭式	胶质电解液
特征代号	A	H	W	S	I	M	J

2. 铅酸蓄电池的工作原理

铅酸蓄电池是酸性电池，其化学反应式为

$$PbO_2 + 2H_2SO_4 + Pb = 2PbSO_4 + 2H_2O$$

（1）铅酸蓄电池放电

当铅酸蓄电池接通外电路负载放电时，正、负极板的活性物质与电解液中的 H_2SO_4（硫酸）发生化学反应，使得正极板上的 PbO_2 和负极板上的 Pb 都变成 $PbSO_4$ 覆盖在极板上。同时，电解液中的 H_2SO_4 被消耗生成 H_2O（水），电解液的密度下降，在放电过程中将铅酸蓄电池的化学能转化为电能。

微课

铅酸蓄电池的
工作原理

（2）铅酸蓄电池充电

在充电过程中，正、负极板上的 $PbSO_4$ 分别转换为 PbO_2 和 Pb，电解液中的 H_2SO_4 含量逐渐增多，电解液的密度逐渐增大。

当充电接近终止时，正、负极板上的 $PbSO_4$ 全部转换为活性物质 PbO_2 和 Pb，此时如果继续充电，将引起水的电解并放出 H_2（氢气）和 O_2（氧气）。

3. 铅酸蓄电池的结构

微课

铅酸蓄电池的
结构

普通铅酸蓄电池主要由极板（正、负极板）、隔板、电解液、壳体、联条（又称连接条）与极柱（正、负极柱）等部分组成。其结构如图 2-1 所示。铅酸蓄电池由 3 只或 6 只单格电池串联而成，每只单格电池的电压为 2.1 V，串联后铅酸蓄电池电压为 6 V、12 V 或者 24 V。

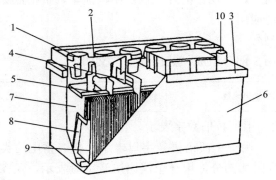

1—排气栓；2—负极柱；3—电池盖；4—联条；5—汇流条；
6—壳体；7—负极板；8—隔板；9—正极板；10—正极柱

图 2-1 铅酸蓄电池结构

① 极板

极板是铅酸蓄电池的核心部分，由活性物质与栅架组成。铅酸蓄电池充放电的化学反应主要是依靠极板上的活性物质与电解液进行的。将活性物质调成糊状物填充在栅架的空隙里并进行干燥即形成极板。正极板上的活性物质是 PbO_2（二氧化铅），呈深棕色。负极板上的活性物质是海绵状的纯 Pb（铅），呈青灰色。活性物质脱落和栅架腐蚀是决定蓄电池使用寿命的主要因素。

栅架的作用是固结活性物质，一般由铅锑合金浇铸而成。加锑可以提高其机械强度和浇铸性能。但锑会加速氢的析出而加速电解液消耗，还易从正极板栅架中析出，而引起铅酸蓄电池自放电和栅架腐蚀，缩短铅酸蓄电池的使用寿命。所以，目前大都采用含锑量为 2%～3.5%的低锑合金栅架。

极板的厚度对铅酸蓄电池的容量和启动性能有极大的影响。目前一般极板厚度为 1.1～2.4 mm，其中正极板厚度比负极板厚度稍大，采用薄塑极板可提高铅酸蓄电池的比容量和启动性能。

为增大铅酸蓄电池的容量，通常将多片正、负极板分别并联，用隔板焊接成正、负极板组，如图 2-2 所示。

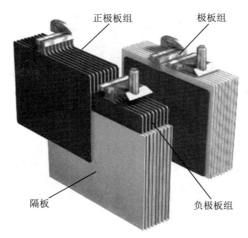

图 2-2　极板组

② 隔板

隔板插放在正、负极板之间，以防止正、负极板互相接触而造成短路，具有良好的耐酸性、抗氧化性和多孔性，以利于电解液的渗透。隔板的材料一般有微孔塑料和微孔橡胶两种。微孔塑料隔板具有孔径小、孔率高、成本低、应用广泛等特点，微孔橡胶隔板具有性能好、成本高等特点。

③ 电解液

铅酸蓄电池的电解液是由纯硫酸和蒸馏水配制而成的，密度一般为 $1.24 \sim 1.31 \text{ g/cm}^3$。电解液在铅酸蓄电池的化学反应中，起到在离子间导电的作用，并参与铅酸蓄电池的化学反应。

④ 壳体

铅酸蓄电池壳体为整体式结构的容器，壳体内由间壁分成 3 个或 6 个互不相通的单格，分别适用 6 V 和 12 V 两种规格的铅酸蓄电池。壳体底部有凸起的肋条，用来支撑极板组，并使极板组上脱落的活性物质落入凹槽内，防止极板短路。壳体多采用硬橡胶或聚丙烯塑料制成。

铅酸蓄电池电压一般有 12 V 和 24 V 两种规格，因此，壳体内由间壁分成 6 个或 12 个互不相通的单格，底部制有凸筋用来支撑极板组。凸筋之间的间隙可以积存极板脱落的活性物质，以避免正、负极板短路。每个单格的中间有加液孔，可以用来检查液面高度和测量电解液的密度，加液孔平时用加液螺塞拧紧。加液螺塞的中心通气孔应保持畅通，使铅酸蓄电池电化学反应时放出的气体可以随时逸出。在极板组上部装有防护板，以防止测量电解液相对密度、液面高度或添加电解液时损坏极板上部。

⑤ 联条

其作用是将单格铅酸蓄电池串联起来，提高整个铅酸蓄电池的端电压。联条的材料一般由铅锑合金铸造而成，有外露式、跨接式和穿壁式 3 种，前者用在硬橡胶壳体和盖上，后两种用在塑料壳体和盖上。图 2-3 所示为跨接式联条。

⑥ 极柱

铅酸蓄电池两端的正、负极柱穿出电池盖，用于连接外电路，穿出部分即为极柱。正极柱标加号或涂红色表示，直径较粗，充过电时呈棕色。负极柱标减号或涂蓝色表示，直径较细，充过电时呈褐灰色。

图 2-3　跨接式联条

二、任务组织

1. 任务目的与要求

（1）掌握蓄电池的应用和维护方法。

（2）掌握检查蓄电池的方法。

（3）核心技能：掌握对蓄电池放电程度的判别、蓄电池更换标准。

2. 任务设备及工具

（1）实训轿车和汽车起动用铅酸蓄电池。

（2）密度计、吸液器、万用表、温度计、高率放电计。

（3）万用表、汽车电工工具。

3. 安全与环保教育

（1）实训轿车使用前的安全教育，特别是防止发生人身事故。

（2）注意防止蓄电池电解液（稀硫酸）对人体的危害。

（3）废旧蓄电池必须回收，以防对环境造成危害。

三、任务知识准备

1. 蓄电池的检测

（1）蓄电池的外观检查与清洁

① 检查蓄电池封胶有无开裂和损坏，极柱有无破损，壳体有无泄漏，如有应修理或者更换蓄电池，然后用清水冲洗蓄电池外部的灰尘和污垢，再用碱水清洗。

② 疏通加液盖通气孔。

③ 用钢丝刷或刮刀清洁极柱和接线卡头的氧化物，并涂抹一层薄凡士林或润滑脂。

（2）蓄电池开路电压的测量

通过万用表测量的蓄电池开路电压，只能作为容量测量的参考因素。通常静置时，测量端电压≥12.6 V，并且电解液密度≥1.22 g/cm³，或者放电电压高于 9 V 时才可以基本判定蓄电池具有合格的电量储备。

（3）蓄电池放电电压检测

对于汽车蓄电池，国际电池协会（Battery Council International，BCI）规定，在常温下以 1/2 的额定冷起动电流值放电 15 s 后，如果电池电压为 9.6 V 以上，这个电池就通过了放电检测，是个健康的电池。在汽车维修企业的蓄电池检测中，一般采用更为简便的方法，即使用汽车蓄电池放电计检测蓄电池的放电电压，汽车蓄电池放电计如图 2-4 所示。

图 2-4　汽车蓄电池放电计

其使用方法为：红色的夹子夹住蓄电池的正极，黑色的夹子夹住蓄电池的负极，扳动中间放电开关 1～5 s 时间（此时放电电流为 100 A 以上），读取放电计数值。

若放电电压在 10～12 V（绿色区域），说明蓄电池存电充足，不需要充电。

若放电电压在 7～10 V（黄色区域），说明蓄电池存电不足，需要充电。

若放电电压在 7 V 以下（红色区域），说明蓄电池被损坏，需要修复或更换。

用放电电压判断蓄电池的放电程度和状态的方法，虽然准确度不如传统的电解液密度法，但是由于其效率极高，目前已经成为汽车维修作业主流的检测手段。

表 2-2 所示为蓄电池测量电压与放电程度的关系。

表 2-2　蓄电池测量电压与放电程度的关系

蓄电池开路端电压/V	≥12.6	12.4	12.2	12.0	≤11.7
放电计检测值/V	10～12	9～10		≤9	
放电计检测单格值/V	1.7～1.8	1.6～1.7	1.5～1.6	1.4～1.5	1.3～1.4
放电程度/%	0	25	50	75	100

2. 蓄电池的维护与更换

（1）电池的充电作业

蓄电池的充电作业方法通常有恒压充电、恒流充电和脉冲快速充电 3 种。

恒压充电一般只在汽车运行时采用，由汽车发电机给蓄电池充电，称为使用充电。

在修理厂，从减轻蓄电池硫化、延长蓄电池使用寿命的角度出发，采用恒流充电或脉冲快速充电方式，称为生产和维护充电。蓄电池生产和维护充电分为初充电和补充充电两种。表 2-3 所示为蓄电池恒流充电的充电规范。

表 2-3　蓄电池恒流充电的充电规范

蓄电池型号	额定容量 C_{25}/A·h	额定电压/V	初充电				补充充电			
			第一阶段		第二阶段		第一阶段		第二阶段	
			充电电流/A	时间/h	充电电流/A	时间/h	充电电流/A	时间/h	充电电流/A	时间/h
3-Q-75	75	6	5.25	30～40	2.25	25～30	7.5	10～12	3.75	3～5
3-Q-90	90	6	6.3	30～40	2.7	25～30	9	10～12	4.5	3～5
3-Q-120	120	6	8.4	30～40	3.6	25～30	12	10～12	6	3～5

续表

蓄电池型号	额定容量 $C_{25}/A\cdot h$	额定电压 /V	初充电				补充充电			
			第一阶段		第二阶段		第一阶段		第二阶段	
			充电电流/A	时间/h	充电电流/A	时间/h	充电电流/A	时间/h	充电电流/A	时间/h
6-Q-60	60	12	4.2	30～40	1.8	25～30	6	10～12	3	3～5
6-Q-90	90	12	6.3	30～40	2.7	25～30	9	10～12	4.5	3～5
6-Q-105	105	12	7.35	30～40	3.15	25～30	10.5	10～12	5.25	3～5
6-Q-120	120	12	8.4	30～40	3.6	25～30	12	10～12	6	3～5
6-QA-36	36	12	2.5	30～40	1	25～30	3.6	10～12	1.8	3～5
6-QA-40	40	12	2.8	30～40	1.2	25～30	4	10～12	2	3～5
6-QA-60	60	12	4.2	30～40	1.8	25～30	6	10～12	3	3～5
6-QA-75	75	12	5.25	30～40	2.25	25～30	7.5	10～12	3.75	3～5
6-QA-100	100	12	7	30～40	3	25～30	10	10～12	5	3～5

汽车维修企业为提高充电效率，一般采用汽车蓄电池全自动快速充电器（见图 2-5）进行脉冲快速充电。

图 2-5　汽车蓄电池全自动快速充电器

全自动快速充电器由专用的智能微计算机芯片全程控制，采用宽频脉冲技术、电池检测电路、全自动对电池进行四段式充电（预充—恒流—恒压—涓流）。恒流指整个充电过程中电流不超过设定的值，有保护电池和充电器的作用；恒压指输入电压在一定范围内变化时输出电压稳定在某值内（此时仍受恒流控制）；涓流指充电完成后处于涓流浮充电状态，可提高电池受电率并降低电池失水率，防止电池充热、充鼓。

利用全自动快速充电器，可以对充电电压进行温度补偿，保持冬季充足、夏季不过充的状态。由于处于脉冲快速充电状态，因此对电池有一定的修复作用。

对 12 V 蓄电池充电电流一般在 25 A 左右，如果时间充足可以降低充电电流，延长充电时间，这样充电效果更好。

参考充电时间：20 A·h 电池充电时间为 1～1.5 h；60 A·h 电池充电时间为 6～8 h；105 A·h 电池充电时间为 8～12 h；150 A·h 电池充电时间为 10～15 h。

（2）蓄电池的故障诊断

① 蓄电池就车检查

对于发动机冷起动困难，同时放电电压低于 7 V，或使用时间超过 2 年的蓄电池，可以初步判断为蓄电池故障。对于使用时间超过 2 年的故障蓄电池一般应予以更换，使用时间较短的蓄电池可以进行维修。

② 极板严重硫化的判断

蓄电池严重硫化后，内阻会显著增大，放电电压下降很大（一般低于 10 V）。蓄电池恒流充电时，充电电压高于 16.8 V，电解液温度上升很快，并有大量气泡产生。

③ 活性物质脱落的判断

活性物质脱落后，充电时间过短，会造成蓄电池的容量减小、放电电压下降，影响发动机的冷起动。严重的甚至会造成极间短路，使蓄电池完全失去功能。

（3）蓄电池的更换

观察实训轿车，认识并分析蓄电池及总保险的结构，拆下旧蓄电池，更换新蓄电池。

对于中高档汽车，断开蓄电池负极（–）电缆之前应先对 ECU 等元件内保存的信息做记录。如：DTC（Diagnostic Trouble Code，故障诊断码）、选择的收音机频道、座椅位置（带有记忆系统）、方向盘位置（带有记忆系统）等。

安装蓄电池时，应注意必须拧紧蓄电池卡子，否则会造成发动机不能起动等故障。

四、任务实施

1. 蓄电池外观检查

按照工艺要求对蓄电池的外观进行检查，并将检查结果填入表 2-4 中。

表 2-4　蓄电池外观检查

检查项目	外壳	封胶	接线柱	加液盖通气孔	接线卡头
检查结果					

注意：检查结果可以是正常、修复或无法使用等。

2. 蓄电池电压的测量

按照工艺要求，对蓄电池的端电压、放电电压和单格电压进行测量，将测量结果填入表 2-5 中。

表 2-5　蓄电池电压测量记录

万用表测量端电压值/V		高率放电计测量放电电压值/V		
单格电压值/V				
根据测试结果估算容量/%	100	75	50	25	0

3. 蓄电池补充充电

按照工艺要求，用充电机对蓄电池进行补充充电，并检查充电过程和充电状态，将测量数据填入表 2-6 中。

表 2-6　蓄电池充电记录　　　　　　　　（环境温度：＿＿＿＿＿℃）

蓄电池规格型号						充电机规格型号					
充电前蓄电池状态		密度：＿＿＿；端电压：＿＿＿；高率放电计测量电压值：＿＿＿；剩余电量：＿＿＿									
一阶段充电记录	时间/h										
	密度/g·(cm³)⁻¹										
	端电压/V										
	内部温度/℃										
二阶段充电记录	时间/h										
	密度/g·(cm³)⁻¹										
	端电压/V										
	内部温度/℃										
充电后蓄电池状态		密度：＿＿＿；端电压：＿＿＿；高率放电计测量电压值：＿＿＿；储存电量：＿＿＿									

4. 蓄电池的故障诊断与更换

（1）蓄电池就车检查

使用万用表和放电计按照工艺要求测量蓄电池开路电压、蓄电池放电电压，并分析判断蓄电池是否应该报废，将检查结果和相应结论填入表 2-7 中。

表 2-7　蓄电池就车检查记录

检查项目	蓄电池开路电压	蓄电池放电电压（放电计）	蓄电池放电电压（万用表）	结论
检查结果				

注意： 万用表实车测量起动时蓄电池的电压为蓄电池的放电电压。

（2）蓄电池的更换

按照工艺要求更换实训轿车蓄电池，并将更换记录填入表 2-8 中。

表 2-8　蓄电池更换记录

操作项目	原蓄电池型号	断开蓄电池接线端子	新蓄电池型号	紧固蓄电池接线端子	起动情况
检查结果					

任务二　汽车发电机检修

一、理论知识准备

1. 交流发电机的作用与组成

汽车交流发电机是汽车的主要电源，其功用是在发动机正常运转时，向起

微课

交流发电机的
作用与组成

动机以外的所有用电设备供电，同时向蓄电池充电。

交流发电机由转子总成、定子总成、电刷组件、整流器、电压调节器、风扇和前后端盖等组成。

2. 交流发电机的工作原理

（1）发电原理

交流发电机工作原理，如图 2-6 所示。交流发电机是根据电磁感应原理工作的。交流发电机定子的三相电枢绕组按一定的规律排列在发电机的定子槽内，彼此相差 120°电角度，三相电枢绕组的末端连在一起，呈星形连接。

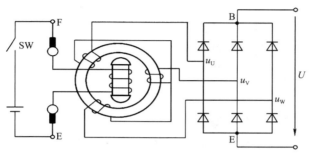

图 2-6 交流发电机工作原理

当转子旋转时，产生一个旋转的磁场，使得相对静止的定子电枢绕组切割磁力线而产生感应电动势。由于转子磁极铁芯制作成鸟嘴形的特殊结构，可使定子电枢绕组感应产生的交流电动势近似于正弦曲线波形，因此三相电枢绕组感应产生的交流电动势按正弦规律变化。在三相电枢绕组中所产生的交流电动势可用下列方程式表示：

$$e_U = \sqrt{2}E_\Phi \sin \omega t$$

$$e_V = \sqrt{2}E_\Phi \sin(\omega t - 120°)$$

$$e_W = \sqrt{2}E_\Phi \sin(\omega t - 240°)$$

式中：E_Φ——每相电动势的有效值，单位为 V；

ω——电角速度（$\omega = 2\pi f$，$f = Pn/60$，P 为磁极对数，n 为发电机转速，单位为 r/min）

（2）整流原理

整流器利用硅整流二极管的单向导电性，把交流发电机的交流电变为直流电。交流发电机整流器按二极管个数不同可分六管交流发电机、八管交流发电机、九管交流发电机和十一管交流发电机。

（3）励磁方法

向交流发电机的励磁绕组供电使其产生的磁场称为励磁。汽车交流发电机的励磁方式有两种：一种是由蓄电池提供励磁电流，称为他励式；另一种是由发电机自身所发的电提供励磁电流，称为自励式。

当发动机转速很低时，由于转子上的磁极剩磁很微弱，所产生的电动势不能使二极管导通，发电机不能自己发电。所以必须由蓄电池提供足够大的励磁电流，以保证发电机的电动势迅速提高。

当发电机的转速达到一定值后，发电机所产生的电压达到或超过蓄电池电压时，发电机开始向蓄电池充电。同时发电机给自身的励磁绕组提供励磁电流，由他励式转为自励式。

二、任务组织

1. 任务目的与要求

（1）进行发电机拆解前检查，初步判断发电机故障情况。

（2）掌握发电机拆解、检修及装配作业的基本方法和技能。

（3）能够进行发电机的试验，了解发电机的性能指标。

（4）核心技能：具备修复汽车发电机的能力。

2. 任务设备及工具

（1）检修用发电机若干。

（2）TDQ-2 型汽车电器万能试验台。

（3）万用表、汽车电工工具和发电机专业拆解工具。

3. 安全与环保教育

（1）按照规范操作拆装工具，以防产生人身伤害。

（2）按照规范操作汽车电器万能试验台，试验台必须卡紧，防止发电机高速旋转时脱落。

三、任务知识准备

1. 发电机拆解前的检测

使用万用表对发电机外接线柱进行测量，可以初步判定发电机的状态。检测时可以参照发电机电路原理图，图 2-7、图 2-8 和图 2-9 所示分别是六管交流（BJ2020）、八管交流（夏利 JFZ1542）和十一管交流（桑塔纳 JFZ1913）发电机电路原理图。

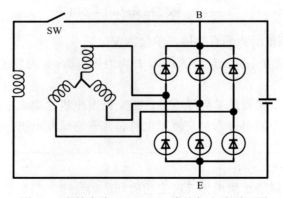

图 2-7　六管交流（BJ2020）发电机电路原理图

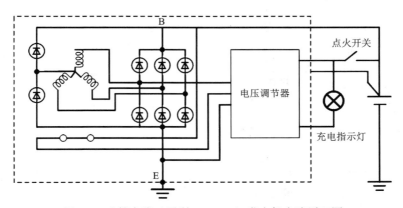

图 2-8　八管交流（夏利 JFZ1542）发电机电路原理图

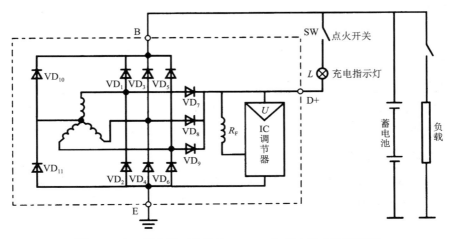

图 2-9　十一管交流（桑塔纳 JFZ1913）发电机电路原理图

（1）指针万用表测量

常用发电机各接线柱间电阻值如表 2-9 所示。

表 2-9　常用发电机各接线柱间电阻值

发电机型号	F 与 E 间电阻值/Ω	B 与 E 间电阻值/Ω		N 与 E 或 B 间电阻值/Ω	
		正向	反向	正向	反向
JF11、JF13、JF15、JF21、JF132N	4～7	40～50	≥10k	10～15	≥10k
JWF14（无刷）	3.5～3.8	40～50	≥10k	10～15	≥10k
夏利 JFZ1542	2.8～3.0	40～50	≥10k		
桑塔纳 JFZ1913	2.8～3.0	65～80	≥10k		

若 F 与 E 之间的电阻超过规定值，可能是电刷与滑环接触不良；若小于规定值，可能是励磁绕组匝间短路或有搭铁故障；若电阻为零，可能是两个滑环之间短路或者 F 接线柱有搭铁故障。

用万用表的黑色表笔接触后端盖，红色表笔接触发电机"电枢"（B）接线柱，并以 $R\times1$ 挡测量电阻值。若示值在 40 Ω 以上，可认为无故障；若示值在 10 Ω 左右，说明有失效的整流二极管，需拆检；示值为 0 Ω，则说明有不同极性的二极管被击穿，需拆检。

若发电机有中性抽头（N）接线柱，则用万用表的 $R \times 1$ 挡测量 N 与 E 以及 N 与 B 之间的正、反向电阻值，可进一步判断故障在正极管还是在负极管。

（2）数字万用表测量

用数字万用表测量发电机定子绕组效果更好。常用发电机各接线柱间电阻值和压降值如表 2-10 所示。

表 2-10　常用发电机各接线柱间电阻值和压降值

发电机型号	F 与 E 间电阻值/Ω	B 与 E 间压降值/V	N 或 D 与 E 间压降值/V
		正向	正向
JF11、JF13、JF15、JF21、JF132N	4～7	0.9	0.5
JWF14（无刷）	3.5～3.8	0.9	0.5
夏利 JFZ1542	2.8～3.0	0.9	无
桑塔纳 JFZ1913	2.8～3.0	0.9	0

B 与 E 间正向压降值应为 0.9 V 左右。如果小于 0.8 V 说明整流二极管老化，如果小于 0.6 V 说明有二极管损坏或定子绕组损坏，在这些情况下都应对发电机进行解体修理并更换整流板。

2. 发电机拆解作业

不同车型的发电机解体作业略有不同，一般解体到部件，教师应先进行演示，以防学生在拆卸时损坏绕组、连线等。

（1）电刷架拆解

拆下电刷及电刷架（外装式）紧固螺钉，取下电刷架总成，电刷架拆解如图 2-10 所示。

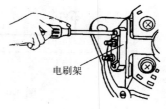

图 2-10　电刷架拆解

（2）前、后端盖的分解

在前、后端盖上做记号，拆下连接前、后端盖的紧固螺栓，一般为 3～4 根，前、后端盖的分解如图 2-11 所示，将其分解为与转子结合的前端盖和与定子连接的后端盖两大部分。

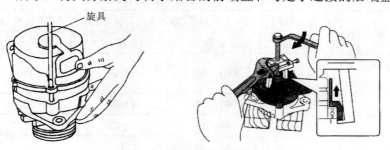

图 2-11　前、后端盖的分解

（3）拆卸皮带轮等（选做）

将转子夹紧在台虎钳上，拆下带轮紧固螺母，皮带轮的分解如图 2-12 所示，再依次取下皮带轮、风扇、半圆键、定位套。如无修理需要可不进行拆卸。

（4）转子与前端盖的分解（选做）

将前端盖与转子分解，若该部装配过紧，可用三角拉器拉开（见图 2-13）或用木锤轻轻敲，使之分解。注意：铝合金端盖容易变形，因此拆卸时应均匀用力。如无修理需要可不进行拆卸。

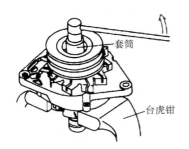

图 2-12 皮带轮的分解

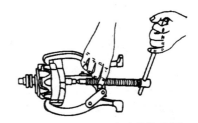

图 2-13 转子与前端盖的分解

（5）后端盖、电刷组件（内装式）和电压调节器的分解

拆掉防护罩，拆掉图 2-14 所示的后端盖上的 3 个螺钉，即可将防护罩取下。对于整体式发电机：先拧下"B"端子上的固定螺母并取下绝缘套管；再拧下后防尘盖上的 3 个带垫片的固定螺母，取下后防尘盖；然后拆下电刷组件的两个固定螺钉和电压调节器的 3 个固定螺钉，取下电刷组件和电压调节器总成；最后拧下整流器二极管与定子绕组的引线端子的连接螺钉，取下整体式整流器总成。

（6）定子线圈与整流板的分解（选做）

拆下定子上 4 个接线端（三相绕组首端及中性点）在散热板上的连接螺母，定子线圈与整流板的分解如图 2-15 所示，使定子与后端盖分离。

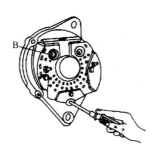

图 2-14 后端盖的分解

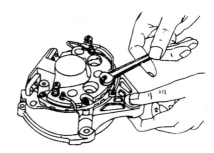

图 2-15 定子线圈与整流板的分解

拆下后端盖上紧固整流器总成的螺钉，取下整流器总成（见图 2-16）。

注：若经检查所有二极管均良好，该步骤可不进行。

（7）零部件的清洗

对机械部分可用煤油或清洗液清洗，对电器部分如绕组、散热板及全封闭轴承等宜用干净的棉纱擦拭干净表面尘土、脏污。

发电机的拆解要按照工艺要求进行，禁止生敲硬卸而损坏机件。拆解的零件要按照规范清洗并顺序摆放。对有问题的零件和拆解复杂部位的顺序和连接方法，必要时要做详细记录。

3. 发电机的检查

（1）检查发电机转子（励磁绕组）总成

① 目视检查。目视检查滑环变脏或烧蚀的程度，如图 2-17 所示。电流产生的火花会使

滑环脏污和烧蚀，从而使发电机的性能下降。

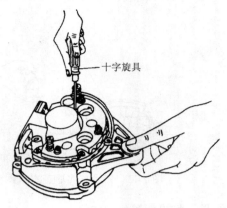
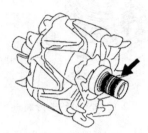

图 2-16　整流板的分解　　　　　　图 2-17　目视检查滑环

② 清洁。用布料和毛刷清洁滑环和转子。如果脏污和烧蚀明显，应更换转子总成。

③ 检查滑环之间是否导通。使用数字万用表的电阻挡，检查滑环之间是否导通，如图 2-18 所示。检查滑环之间是否导通可以用来探测线圈内部是否开路。如果发现不导通，应更换转子。

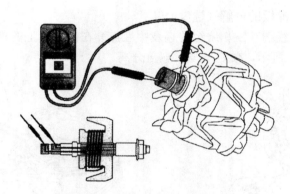

图 2-18　检查滑环之间是否导通

④ 检查滑环和转子之间的绝缘情况。用数字万用表检查滑环和转子之间的绝缘情况，如图 2-19 所示。通过检查滑环和转子之间的绝缘情况，可以判断线圈内部是否存在短路。如果发现绝缘不良，应更换转子。检查时应用数字万用表的最大挡位 20 M 挡，数值应为∞，否则为绝缘不良。

⑤ 测量滑环。用游标卡尺测量滑环的外径，如图 2-20 所示。如果测量值超过规定的磨损极限，应更换转子。

（2）检查整流器

检查整流器的二极管，如图 2-21 所示，使用数字万用表的二极管测试模式，在整流器的端子 B 和端子 P1～P4 之间测量，测量单个二极管的正向导通电压，一般为 0.5 V，若为 0 V 或小于 0.45 V 则说明二极管损坏或老化，应予以更换。

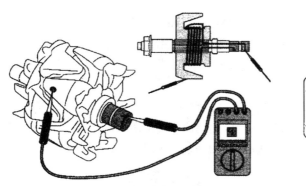

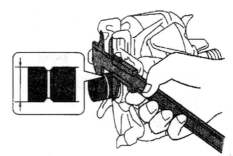

图 2-19　检查滑环和转子之间的绝缘情况　　　图 2-20　测量滑环的外径

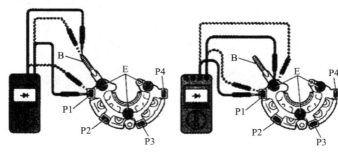

图 2-21　检查整流器的二极管

也可使用指针式万用表检查二极管的单向导通，检查是否只能单向导通。

发电机装配好后，可以检查 B～E 间的正向压降和单向导通，测量过程同上，B～E 间正向压降一般为 0.9 V 左右，如果 B～E 间正向压降为 0.5 V 左右，说明有二极管损坏或线路连接故障（短路或断路）。

（3）检查发电机电刷座

检查发电机电刷座如图 2-22 所示，用游标卡尺在电刷的中部测量电刷的长度，因为这个地方磨损更严重。如果测量值小于标准值，应将电刷和电刷座一起更换。

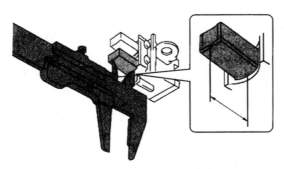

图 2-22　检查发电机电刷座

（4）定子（电枢）绕组的检修

定子绕组的故障有短路、断路和搭铁 3 种。因为定子绕组的电阻很小，一般为 200～800 mΩ，所以测量电阻难以判断有无短路故障。定子绕组有无短路，最好是在发电机分解之前或装配之后，通过检测其输出功率来进行判断。

检测定子绕组断路的方法如图 2-23（a）所示。检测时，将数字万用表拨到蜂鸣挡（指针式万用表拨到 $R\times1$ 挡），两只表笔分别接定子绕组的两个引出端子进行检测。如万用表均导通说明定子绕组良好，如不导通（即阻值为∞）说明定子绕组断路，应予以修理或更换。

用万用表检测定子绕组绝缘，如图 2-23（b）所示。检测定子绕组绝缘可以用来检测线圈内是否存在短路。如果发现绝缘不良，应更换定子。检查时应用指针式万用表的最大挡位或数字万用表的最大电阻挡位 20 M 挡，测出数值应均为∞，否则为绝缘不良。

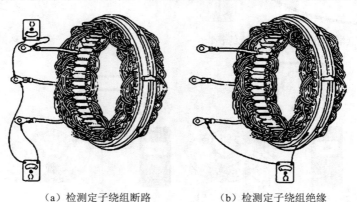

（a）检测定子绕组断路　　　　　　（b）检测定子绕组绝缘

图 2-23　定子绕组的检测

4．发电机的装配

（1）将整流器装到后端盖上。拧紧 3 颗固定螺钉，整流器即被固定在后端盖上。

应注意各绝缘垫片不能漏装。装复后用万用表电阻挡测量"B"接线柱与端盖间电阻应为∞。测量两散热板之间及绝缘散热板与端盖之间电阻，均应为∞。若上述电阻较小或者为零，表明漏装了绝缘垫片或套管，应拆开重装。

（2）将定子总成与后端结合。将定子绕组上的 4 个接线端子从后端盖孔中穿出，接线端子分别连接在整流器的接线螺钉上。

（3）将前端盖装到转子轴上。先将前端盖上的轴承、轴承盖安装并紧固好，再将该部分套到转子轴上，若过盈量较大，可用木锤轻轻敲入。

（4）将后端盖、定子装到转子轴上。应注意使前、后端盖上发电机安装挂脚位置恰当（符合拆解标记）。上述两大部分结合后，穿上前、后端盖紧固螺栓并分几次拧紧。注意各螺栓的拧紧切不可一次完成，而应轮流进行，并且还要不断转动转子，若转子运转受阻或者内部有摩擦，应调整拧紧力矩。

（5）装配风扇、带轮。在转子轴上套上定位套，安装半圆键、风扇叶片、带轮、弹簧垫圈，拧紧带轮紧固螺母。

（6）装复后端盖上的防护罩。

（7）安装电刷架总成。

（8）检验装配质量。使用万用表检测各接线柱与外壳间的电阻值，应符合参数要求，否则应该拆解重装。

5. 发电机的负载试验（选作）

负载试验应在空载试验合格的基础上进行。

（1）电路连接

发电机负载试验原理电路如图 2-24 所示。试验电路连接方法如下。

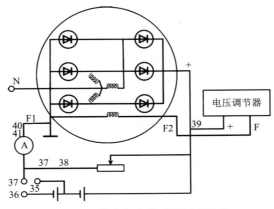

图 2-24　发电机负载试验原理电路

① 连接插座 40、41（使试验台负极搭铁）。

② 连接插座 39 与发电机"＋"、电压调节器"＋"接线柱。

③ 连接发电机"F2"与电压调节器"F"接线柱。

④ 连接发电机"F1"与"－"接线柱（内搭铁发电机无此项操作）。

⑤ 连接插座 35、37（使试验台提供 12 V 电源为发电机他励）。

发电机负载试验线路连接图如图 2-25 所示。

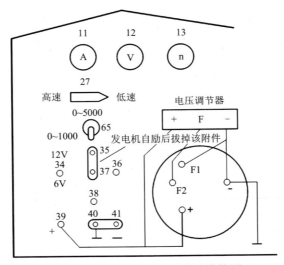

图 2-25　发电机负载试验线路连接图

（2）加载前的操作

① 摇转可变电阻器调节手轮，将电阻阻值调至最大。

② 旋转开关 27 至低速挡，转速量程开关 65 扳至 0～1000 挡。

③ 根据发电机旋转方向摇动调速手轮，使转速逐渐升高，并观察电压表 12，使其读数稳定在约 13 V 上（此时励磁电流表 11 指针偏转至右侧）。

④ 拔掉连接插座 35、37 的连接件。

（3）加载试验

① 用连接件连接插座 37、38（使发电机能对外输出电流）。

② 将开关 27 转换至高速，相应变换量程开关 65 至 0～5000 挡。

③ 继续转动调速手轮，并调整可调电阻调节手轮，观察电流表 11（发电机对外供电电流的大小）和电压表 12（发电机电压的高低）。

④ 当输出电流为发电机额定值（查阅参数确定）、输出电压达到规定值（14 V）时，记录转速表 13 的读数（该转速为满载转速），若发电机转速在规定范围内则发电机良好。

（4）停止试验

反向摇动调速手轮和可调电阻调节手轮，降低发电机转速至最低，将开关 27 转至断开位置（零位）。

四、任务实施

1. 发电机不解体检查

（1）用指针式万用表测量

按照工艺要求，用指针式万用表测量发电机，将测量结果填入表 2-11 中，并据此判断发电机状态。

表 2-11　发电机测量结果

（使用指针万用表型号及挡位：　　　　　　）

发电机型号	"F" 与 "E" 间电阻/Ω	"B" 与 "E" 间电阻/Ω		"N" 与 "E" 或 "B" 间电阻/Ω		结论
		正向	反向	正向	反向	

（2）用数字万用表测量

按照工艺要求，用数字万用表测量发电机，将测量结果填入表 2-12 中，并据此判断发电机状态。

表 2-12　发电机测量结果

（使用数字万用表型号及挡位：　　　　　　）

发电机型号	"F" 与 "E" 间电阻/Ω	"B" 与 "E" 间正向压降/V	"B" 与 "N" 间正向压降/V	结论

2. 发电机的拆卸与分解

按照工艺要求拆卸发电机，把拆卸记录填入表 2-13 中。

表 2-13 拆卸步骤记录

序号	作业内容	拆卸工具	初步检查	结论
1	拆下电刷及电刷架			
2	前、后端盖分解			
3	皮带轮的分解			
4	前端盖的分解			
5	后端盖的分解			
6	定子线圈与整流板的分解			
7	整流板的分解			
8	清洗并将零部件依次排列			

3. 发电机零部件的测量

按照工艺要求，测量发电机各零部件，并将测量结果填入表 2-14 中。

表 2-14 发电机测量记录

（万用表型号：_____）

	转子阻值/Ω		转子绝缘电阻			定子阻值/Ω			定子绝缘电阻		
二极管测量	二极管编号		1	2	3	4	5	6	7	8	9
	正向测量值/Ω										
	数字表测量值/mV										
	反向测量值/kΩ										
集电环检测记录											
转子轴检测记录											
碳刷检测记录											
轴承、端盖检测记录											

4. 发电机的装配

按照工艺要求装配发电机，并将装配记录填入表 2-15 中。

表 2-15 发电机装配记录

序号	作业内容	组装工具	装配检查	装配结果
1	将零部件依次排列			
2	组装整流器与后端盖			
3	组装定子与后端盖			
4	装配转子与前端盖			
5	组装后端盖、定子与转子			
6	装配风扇和皮带轮			
7	装配后端盖防护罩			

续表

序号	作业内容	组装工具	装配检查	装配结果
8	装配电刷架（对正后安装）			
9	转动皮带轮检查			
10	发电机不解体检查			

5. 发电机试验（选作）

按照工艺要求，对发电机进行负载试验并将发电机负载试验数据填入表 2-16 中，画出其负载特性曲线图，对发电机做出综合评价。

表 2-16　发电机负载试验数据

转速/（r·min^{-1}）	0								
输出电压/V									
输出电流/A									
励磁电流/A									

任务三　电源系统故障诊断与排除

一、理论知识准备

捷达 2011 年型电源系统线路识读。

1. 点火开关

图 2-26 所示为大众轿车点火开关电路，点火开关各触点连接情况如下。

点火开关处于"OFF"位置，且钥匙未插入点火开关时，点火开关 30 与 P 相通。

点火开关处于"OFF"位置，钥匙插入后，30 与 P、S 相通。

点火开关处于"ON"位置时，30 与 15、X、S 相通。

点火开关处于"ST"位置时，30 与 50、15、S 相通。

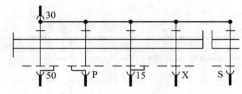

图 2-26　大众轿车点火开关电路

2. 电源系统电路

捷达 2011 年型电源系统电路如图 2-27 所示。

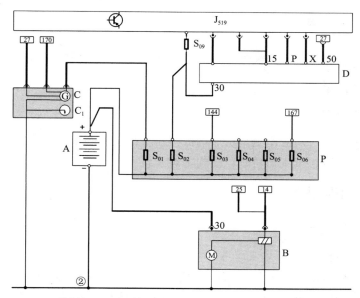

A—蓄电池；B—起动机；C—交流发电机；C_1—电压调节器；

D—点火开关；J_{519}—E-BOX 控制单元；②—搭铁点

图 2-27　捷达 2011 年型电源系统电路

① 30 号线

30 号线称为常带电线，无论点火开关处于何种位置（发动机是否运行）均有电。

② 15 号线

15 号线称为运行起动带电线，即当点火开关位置处于"ON"或"ST"位置时带电。

③ X 号线

X 号线（75 号线）称为大电流（或大负载）运行带电线，当点火开关位置为"ON"时，X 号线有电，X 号线带电供全车大电流设备使用。

④ 50 号线

50 号线称为起动带电线，当点火开关置于 ST 位置时 50 号线带电，50 号线最主要的作用是控制起动机工作。

⑤ P 号线

P 号线称为驻车带电线，点火开关处于"OFF"位置时，无论钥匙是否插入均有电。

⑥ S 号线

钥匙插入点火开关时，30 号线与 S 号线相通（捷达 2011 年型无 S 号线）。

二、任务组织

1. 任务目的与要求

（1）能够分析捷达 2011 年型电源系统电路。

（2）能够检查轿车电源系统的工作情况。

（3）能够排除捷达轿车电源系统故障。

（4）核心能力：能够对电源系统电路识图与分析。

2．任务设备及工具

（1）实训轿车。

（2）全车线路实验台。

（3）万用表、汽车电工工具。

3．安全与环保教育

（1）使用实训轿车时，应由安全员专门监控轿车挡位和刹车，防止发生人身事故。

（2）按照工艺规范检查实训轿车以防损坏教学设备。

三、任务知识准备

1．发电机就车检查

（1）发电机皮带检查

保持发电机皮带合适的张紧度。带张紧度的检查如图 2-28（a）所示。用大拇指下压风扇带，其挠度应为 10~15 mm，若不符合规定，应予以调整，调整方法如图 2-28（b）所示。先用扳手松开紧固螺母，然后用撬棒撬动发电机外壳进行带张紧度的调整，待符合要求后再拧紧紧固螺母。如皮带磨损严重或有开裂、分层等老化现象应予以更换。更换时应松开张紧轮至最松位置并定位好，卸下旧皮带，更换新皮带，调整好张紧度，拧紧紧固螺母。

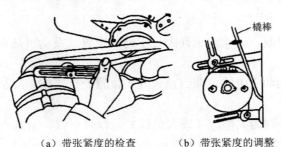

（a）带张紧度的检查 （b）带张紧度的调整

图 2-28 带张紧度的检查与调整

（2）发电机功率就车检查

将蓄电池搭铁线暂时拆下，把一块 0~40 A 的电流表串接到发电机火线 B 接线柱与火线原接线之间，且把一块 0~50 V 的电压表接到"B"与"E"之间，再恢复蓄电池的搭铁线，以保证操作安全。起动发动机并提高转速，当发电机转速为 2500 r/min 时，电压应在 14 V 以上，电流应为 10 A 左右。此时打开前照灯、雨刮器等负荷，电流为 20 A 左右则表明发电机工作正常。

2．电源系统故障诊断与排除

（1）蓄电池故障的诊断

蓄电池的工作情况可以使用放电计或万用表测量蓄电池的放电电压来判断。用万用表在起动状态下就车测量蓄电池的放电电压，如果电压小于 7.5 V 就应予以更换。使用放电计可以直接测量放电电压，无须起动发动机。

一般蓄电池的寿命为 2～4 年，免维护蓄电池寿命稍长。当经常出现冷启动困难，同时放电电压低于规定值时，应及时更换蓄电池。更换后的旧蓄电池应由专业部门回收，不可随意丢弃，以防止污染环境。

（2）充电系统不充电（充电指示灯常亮）故障诊断

① 故障现象

若充电系统正常，发动机怠速时发电机输出电压即可调节电压并对蓄电池充电。若发电机中速运转时，充电指示灯仍然发亮或电流表仍指示放电，则说明充电系统不充电。

② 故障原因

- 发电机驱动带过松。
- 充电系统线路故障。
- 发电机故障。
- 电压调节器故障。

③ 故障诊断与排除

- 检查发电机驱动带轮与发动机曲轴驱动带轮之间的驱动带挠度是否符合规定。在驱动带上施加 100 N 的力，新驱动带挠度应为 5~7 mm，旧驱动带挠度为 10~14 mm。如挠度过大应进行调整或更换驱动带。
- 检查发电机，进行不解体检查。
- 检查电压调节器及线路。

（3）充电电流过小故障诊断与排除

在汽车行驶过程中，发电机向蓄电池充电属于恒压充电，充电电流大小随充电时间增加而减小，充电电流过小会影响下一次起动。如果蓄电池经常充电不足，会影响蓄电池的寿命。

① 故障原因

- 发电机驱动带挠度过大而出现打滑现象。
- 充电线路或磁场线路因接线端子松动而接触不良。
- 发电机故障。
- 调节器调节电压过低。

② 故障排除

充电电流过小故障的排除方法如下。

- 检查交流发电机驱动带挠度是否符合规定。
- 检查充电线路和磁场线路连接是否牢靠。
- 利用直流电压表（量程不小于 30 V）和直流电流表（量程不小于 30 A）就车检测发电机输出功率是否达到额定输出功率。

（4）充电电流过大故障诊断与排除

① 故障现象

- 汽车行驶时，充电电流始终保持在 10 A 以上且不减小。
- 蓄电池耗水量增大即液面降低快。
- 灯泡经常被烧坏。

② 故障原因

充电电压过高对汽车电器危害较大，主要原因是电压调节器输出电压过高。

四、任务实施

1. 发电机皮带检查与更换

按照工艺要求对实训轿车的发电机进行检查和更换，将检查结果和分析、结论填入表 2-17 中。

表 2-17　发电机皮带检查更换表

序号	作业内容	检查结果	分析	结论
1	张紧度检查（皮带挠度）			
2	皮带外观检查			
3	松开张紧轮			
4	调整皮带张紧度			
5	更换皮带			
6	调整张紧轮			
7	拧紧紧固螺母			

2. 发电机功率就车检查

按照工艺要求，就车检查发电机功率，将检查结果填入表 2-18 中。

表 2-18　发电机功率就车检查

序号	作业内容	检查数据	分析	结论
1	断开蓄电池搭铁线			
2	接入电流（30A 以上）			
3	起动发动机			
4	发动机转速			
5	电流表读数			
6	蓄电池电压			
7	计算功率			

3. 充电电压过高故障诊断

（1）起动实训轿车，检查发电机电压，确定故障现象，分析电源系统电路。

（2）制订充电电压过高检修计划。

（3）记录诊断数据和结果并分析，将诊断记录填入表 2-19 中。

表 2-19　充电电压过高故障诊断记录

序号	作业内容	测量数据	分析测量结果	结论
1	检查发电机电压			
2	检查发电机磁场			

序号	作业内容	测量数据	分析测量结果	结论
3	检查 B 与 E 间正向压降			
4	检查电压调节器			
5	更换电压调节器			

4. 充电指示灯常亮故障诊断

（1）观察充电指示灯，确定故障现象，分析电源系统电路。

（2）制订充电指示灯常亮检修计划。

（3）记录诊断数据和结果并分析，将诊断记录填入表 2-20 中。

表 2-20　充电指示灯常亮故障诊断记录

序号	作业内容	测量数据	分析测量结果	结论
1	起动发动机			
2	检查发电机电压			
3	发电机皮带检查			
4	更换皮带			
5	更换电压调节器			
6	更换发电机			

小结

　　汽车的电源系统由蓄电池和发电机组成。蓄电池在起动发动机、发电机不工作或过载时向用电设备供电；发电机在发动机工作时向用电设备供电，同时向蓄电池充电。

　　在本项目中，通过对汽车电源系统的学习，读者可掌握现代汽车电源系统的组成、原理及工作特性；通过蓄电池的检测、维护与更换，汽车发电机的检查与拆装，电源系统故障诊断与排除实训，读者可认识和了解汽车电源系统，并具备拆装汽车电源系统、更换零部件，以及基本故障诊断与排除的能力。

习　　题

1．写出汽车铅酸蓄电池的化学反应方程式。

2．简述蓄电池的检测方法。

3．画出六管交流发电机的原理图。

4．简述发电机的拆卸步骤。

5．简述发电机的装配步骤。

6．写出捷达 2011 年型电源系统 30 号线、15 号线和 X 号线在点火开关处于不同位置下的电压情况。

项目三
起动系统故障检修

【项目引入】

俗话说"万事开头难"，虽然发动机作为汽车动力的来源，能够为汽车的行驶提供源源不断的动力，但是发动机若想实现运转却不能依靠自己的动力起动，只能依靠起动系统帮助发动机克服"困难"。起动系统虽然在汽车中不起眼，但是起动系统一旦出现故障，将直接影响汽车的运转。那么起动系统都会出现什么故障呢？出现故障又要如何解决呢？

本项目帮助读者熟悉起动系统的组成和工作原理，带领大家探索起动系统的常见故障及各种故障的检修方法，并练习起动系统故障的检修。

【学习目标】

1. 了解起动系统的分类。

2. 掌握起动系统的组成、结构及工作原理。

3. 掌握起动系统各种常见故障及故障原因。

4. 掌握起动系统故障检修的方法。

任务一　起动机的检修

一、理论知识准备

1. 起动系统认识

汽车发动机起动前需要依靠外力完成吸气、压缩两个行程，方能顺利起动。根据动力来源的不同，发动机的起动方式可以分为人力起动、辅助汽油机起动和电机起动 3 种形式。人力起动：用手摇或绳拉，非常简单，但不方便，劳动强度大，只适用于一些小功率的发动机。辅助汽油机起动：其尺寸较大，主要在大功率的柴油发动机上采用。电机起动：由直流电动机通过传动机构带动发动机起动，它具有操作简便、体积小、质量轻、安全可靠、起动容易而迅速等优点，同时具有重复起动的能力，所以在现代汽车上被广泛采用。本章只介绍电机启动。

（1）起动系统的功用

起动系统给发动机曲轴提供足够的起动转矩，使发动机进入自行运转状态。

（2）起动系统的组成

起动系统主要由蓄电池、起动控制电路和起动机组成。起动控制电路包括起动按钮或点火开关、起动继电器等。起动机包括起动传动机构、起动电机等部件。起动机在点火开关或起动按钮的控制下，将蓄电池的电能转换成机械能来带动曲轴旋转。起动系统的组成如图3-1所示。

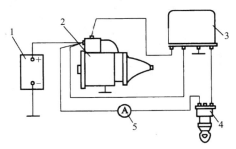

1—蓄电池；2—起动机；3—起动继电器；4—点火开关；5—电流表

图 3-1 起动系统的组成

（3）起动机的组成

起动机由驱动机构（驱动机构外壳、驱动齿轮、电枢、励磁绕组、电刷、电刷弹簧等）、传动机构（拨叉、起动机离合器等）和控制装置（也称电磁开关）3 部分组成，如图 3-2 所示。

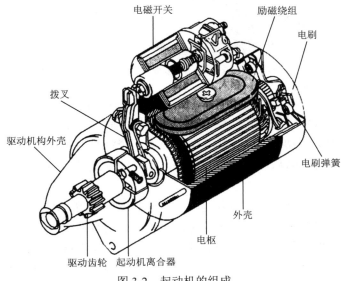

图 3-2 起动机的组成

2. 起动机主要零部件

（1）直流串励式电动机

直流串励电动机是起动机最主要的组成部件之一，它的工作原理和特性决定了起动机的工作原理和特性。

① 电动机结构

直流串励式电动机的作用是产生起动转矩。"串励"是指电枢绕组与励磁绕组串联。直流串励式电动机主要由壳体、磁极（定子绕组）、电枢、电刷及电刷架等组成，如图3-3所示。

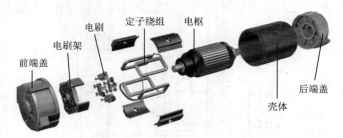

图3-3　直流串励式电动机组成

a.电枢

电枢作为直流电动机的旋转部分，主要由电枢轴、换向器、铁芯、电枢绕组等部件组成。为了满足发动机的起动转矩要求，通过电枢绕组的电流一般为200～600 A，因此电枢绕组采用较粗的矩形裸铜线绕制成型。电枢绕组一般采用单波绕组。换向器装在电枢轴上，它由许多换向片组成，换向片嵌装在轴套上，各换向片之间均用云母绝缘。电枢绕组如图3-4所示。

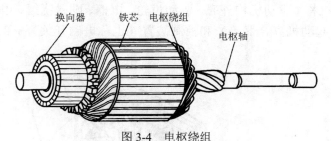

图3-4　电枢绕组

b.磁极

磁极的作用是形成电磁场驱动电枢转动产生转矩。磁极一般是4个，两对磁极相对安装在电动机的定子内壳上。励磁绕组也是4个，这4个绕组有的是互相串联后再与电枢绕组串联，有的是两两串联再并联后与电枢绕组串联。励磁绕组的接法如图3-5所示。

c.电刷及电刷架

电刷及电刷架的作用是将电流引入电动机，并改变电枢的电流方向。电动机一般有4个电刷弹簧及电刷架，如图3-6（a）所示。电刷架固定在前端盖上，其中两个对置的电刷架与端盖绝缘，称为绝缘电刷架；另外两个对置的电刷架与端盖直接铆合实现搭铁，称为搭铁电刷架。电刷由铜粉与石墨粉压制而成，加入铜粉是为了降低电阻并增加耐磨性。电刷装在电刷架中，借助盘形弹簧的压力将它紧压在换向器上（盘形弹簧的压力一般为12～15 N），如图3-6（b）所示。

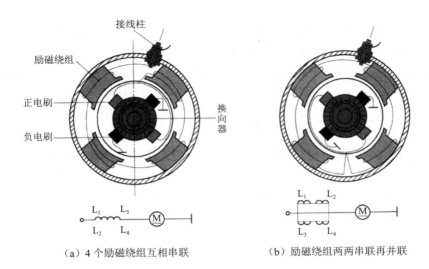

（a）4个励磁绕组互相串联　　　　　（b）励磁绕组两两串联再并联

图 3-5　励磁绕组的接法

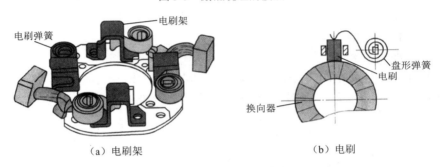

（a）电刷架　　　　　　　　　　　（b）电刷

图 3-6　电刷及电刷架

② 直流串励式电动机的工作原理

直流串励式电动机是将电能转变为机械能并产生机械转矩的装置，是根据带电导体会在磁场中受到电磁力作用的原理而制成的。直流串励式电动机的工作原理如图 3-7 所示。如果将直导线做成一个线匝，并通上直流电，线匝两边因在磁场中受到大小相等、方向相反的电磁力偶作用而转动，形成电磁转矩。其方向可按左手定则判断。

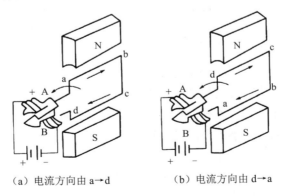

（a）电流方向由 a→d　　　　　　　（b）电流方向由 d→a

图 3-7　直流串励式电动机的工作原理

将电动机的电刷与直流电源相接后，电流由正电刷流入，由负电刷流出。此时绕组中的电流方向如图 3-7（a）所示，由 a 流向 d，根据左手定则，上侧绕组所受电磁力向左，下侧绕组所受电磁力向右，可使电枢沿逆时针方向旋转，此时产生的转矩方向也是逆时针。当电枢转过半周时，正电刷接触换向片时，负电刷接触的是另一换向片，绕组中的电流方向发生改变，如图 3-7（b）所示，电流由 d 流向 a，但电流在磁场中的方向并未发生改变，即导线中的电流方向仍保持不变，因此电磁转矩方向也不改变，电枢仍按逆时针方向转动。

（2）传动机构

微课

传动机构

传动机构的作用是把直流电动机产生的转矩传递给飞轮齿环，再通过飞轮齿环把转矩传递给发动机的曲轴，使发动机正常起动。起动后，为避免起动机损坏，飞轮齿环与驱动齿轮会自动打滑脱离。起动机的传动机构一般由驱动齿轮、单向离合器、拨叉、啮合弹簧等组成。下面对结构较复杂的单向离合器和拨叉进行介绍。

① 单向离合器

单向离合器的作用是将电动机的电磁转矩传递给发动机使之起动，同时又能在发动机起动后自动打滑，保护起动机不致飞散、损坏。传动机构中的单向离合器分为滚柱式单向离合器、摩擦片式单向离合器、弹簧式单向离合器。

a. 滚柱式单向离合器

图 3-8 所示为滚柱式单向离合器的结构，其驱动齿轮与外壳制成一体，外壳内装有十字块和 4 套滚柱、压帽与弹簧。十字块与花键套筒固连，护盖与外壳相互扣合密封。

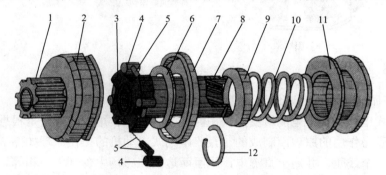

1—驱动齿轮；2—外壳；3—十字块；4—滚柱；5—压帽与弹簧；6—垫圈；7—护盖；

8—花键套筒；9—弹簧座；10—缓冲弹簧；11—移动衬套；12—卡簧

图 3-8　滚柱式单向离合器的结构

在花键套筒外套有缓冲弹簧及移动衬套。整个单向离合器总成利用花键套筒套在电枢轴的花键上，单向离合器总成在传动拨叉的作用下，既可在轴上轴向移动，又可随轴转动。在外壳与十字块之间，有 4 个宽窄不同的楔形槽，槽内分别装有一套滚柱、压帽与弹簧。滚柱的直径略大于楔形槽窄端，略小于楔形槽宽端。

滚柱的受力及作用如图 3-9 所示。滚柱式单向离合器的工作过程如下：当发动机起动时，起动机的电枢旋转，经花键套筒带动十字块旋转，使滚柱滚入楔形槽窄端，将十字块与外壳卡紧，使十字块与外壳之间能传递力矩，如图 3-9（a）所示；当发动机起动后，飞轮齿环会带动驱动齿轮旋转，当转速超过电枢转速时，滚柱滚入楔形槽宽端打滑，这样发动机的转矩就不会传递至起动机，起到保护起动机的作用，如图 3-9（b）所示。滚柱式单向离合器结构简单、坚固耐用、体积小、质量轻、工作可靠，在中、小功率的起动机中得到广泛应用。但由于其传递转矩受到限制，不能用在大功率起动机上。

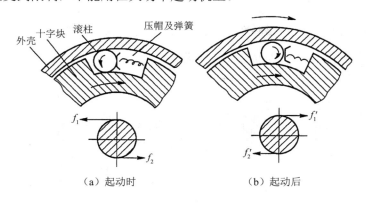

（a）起动时　　　　　　　（b）起动后

图 3-9　滚柱的受力及作用

b. 摩擦片式单向离合器

摩擦片式单向离合器的结构如图 3-10 所示。外接合鼓固定在起动机的电枢轴上，两个弹性圈和压环依次沿起动机轴装进外接合鼓中，青铜的主动摩擦片以其外凸齿装入外接合鼓的轴向切槽中，钢制的从动摩擦片以其内凸齿插入内接合鼓的轴向切槽中。内接合鼓具有螺旋线孔并旋在起动机驱动齿轮柄的三线外螺纹上，驱动齿轮柄则自由地套在起动机轴上，内垫有减振弹簧，并用螺母锁紧以免其从轴向脱出。内接合鼓上有两个小弹簧轻压摩擦片，可保证它们彼此接触。

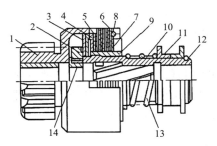

1—驱动齿轮与外接合鼓；2—螺母；3—弹性圈；4—压环；5—调整垫圈；6—从动摩擦片；

7—主动摩擦片；8、9—内接合鼓；10—传动套筒；11—移动衬套；12—卡环；13—缓冲弹簧；14—挡圈

图 3-10　摩擦片式单向离合器的结构

摩擦片式单向离合器的工作原理如下：起动机带动曲轴旋转时，内接合鼓沿螺旋线向右移动，将主、从动摩擦片压紧，利用摩擦片间的摩擦力将电枢的转矩传给飞轮。发动机起动后，起动机驱动齿轮被飞轮带着转动，当其转速超过电枢转速时，内接合鼓则沿螺旋线向左移动，主、从动摩擦片松开而打滑，这时仅驱动齿轮随飞轮高速旋转，不驱动起动机电枢，从而避免电枢超速飞散的危险。

摩擦片式单向离合器传递转矩大，且当起动机超载时，主、从动摩擦片打滑，从而避免损坏起动机，通常应用在大功率发动机上。但它的摩擦片磨损后，摩擦力会大大降低，因此需要经常检查、调整或更换摩擦片；另外，其具有零部件多、结构复杂、加工费时、不便于维修等缺陷。

c. 弹簧式单向离合器

弹簧式单向离合器的结构如图 3-11 所示。花键套筒套在电枢轴的螺旋花键上，驱动齿轮处于轴的光滑部分，两者间用两个月形键连接，使驱动齿轮与花键套筒之间不能做轴向相对移动，但可以相对转动。在驱动齿轮后端和花键套筒外装有扭力弹簧，弹簧的两端各有 1/4圈，内径较小，分别箍紧在驱动齿轮后端和花键套筒上。

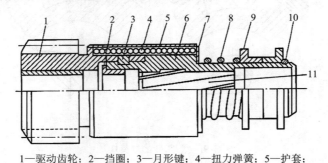

1—驱动齿轮；2—挡圈；3—月形键；4—扭力弹簧；5—护套；

6—花键套筒；7—垫圈；8—缓冲弹簧；9—移动衬套；10—卡簧；11—电枢轴

图 3-11　弹簧式单向离合器的结构

弹簧式单向离合器的工作原理如下：当起动发动机时，电枢轴带动花键套筒稍稍转动，扭力弹簧顺着其螺旋方向将驱动齿轮柄与花键套筒包紧，起动机转矩经扭力弹簧传给驱动齿轮起动发动机。发动机起动后，驱动齿轮的转速高于花键套筒的转速，扭力弹簧放松，驱动齿轮与花键套筒松脱、打滑，使发动机的转矩不能传给起动机电枢。

弹簧式单向离合器具有结构简单、寿命长、工艺简单、成本低等优点。但其轴向尺寸较大，因此主要用在大功率起动机上。

② 拨叉

拨叉的功用是使离合器做轴向移动，是使驱动齿轮啮入或脱离飞轮齿环的机构。电磁式拨叉封装在起动机的壳体上，分可动部分和静止部分。电磁式拨叉结构如图 3-12 所示。可动部分包括拨叉和电磁铁芯，二者采用螺杆活动连接；静止部分包括绕在电磁铁芯钢套外的线圈、拨叉轴等。

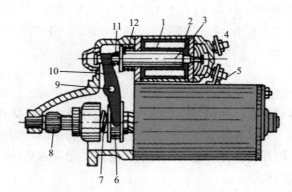

1—线圈；2—外壳；3—电磁铁芯；4、5—接线柱；6—拨环；

7—缓冲弹簧；8—驱动齿轮；9—拨叉轴；10—拨叉；11、12—回位弹簧

图 3-12　电磁式拨叉结构

发动机起动时，按下按钮，线圈通电产生电磁力，电磁力吸入铁芯。同时带动拨叉转动，由拨叉头将离合器推出，使驱动齿轮和飞轮齿环啮合，开始传递动力。发动机起动后，松开按钮，线圈断电，电磁力消失，在回位弹簧的作用下，铁芯带动拨叉返回，拨叉头将打滑的离合器拨回，使驱动齿轮与飞轮齿环脱离啮合。电磁式拨叉具有机构紧凑、操作方便省力、不受安装位置的限制等优势，因此现代的汽车几乎全部采用这种拨叉。

（3）控制装置

控制装置（称为起动开关）的作用是控制驱动齿轮与飞轮齿环的啮合与分离，控制电动机电路的接通与切断。对起动机控制装置的要求是操作要方便，同时要便于重复起动，要能够确保起动机驱动齿轮与发动机飞轮齿环先啮合，后接通起动机主电路以免打齿；切断控制电路后，驱动齿轮与飞轮齿环能顺利地脱离啮合。

电磁式控制装置一般称为起动机的电磁开关，与电磁式拨叉合装在一起，利用挡铁来控制。带起动继电器控制的电磁开关在现代汽车中使用较多，起动机电路如图3-13所示。

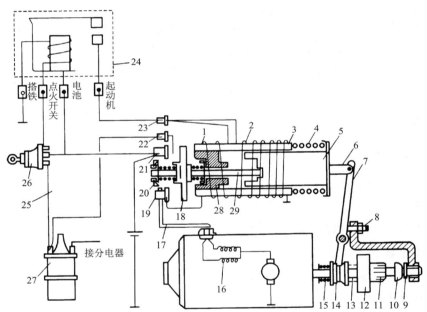

1—吸引线圈；2—保持线圈；3—钢套；4—引铁复位弹簧；5—引铁；6—耳环；7—拨叉；

8—拨叉限位螺钉；9—止推垫圈；10—限位螺母；11—驱动齿轮；12—单向离合器；13—缓冲弹簧；

14—滑环；15—定位弹簧；16—磁场绕组；17—导电片；18—触盘；19—接线柱；20—触盘复位弹簧；

21—电动机开关接线柱；22—附加电阻短路开关接线柱；23—电磁开关接线柱；24—起动继电器；

25—附加电阻线；26—点火开关；27—点火线圈；28—固定铁芯；29—触盘顶杆

图3-13　起动机电路

起动时，将点火开关转到起动位置，起动继电器线圈电路接通，继电器触点闭合，于是接通电磁开关中吸引线圈和保持线圈的电路。在两线圈电磁力的共同作用下引铁向前移，引铁后端通过耳环带动拨叉推动驱动齿轮与飞轮齿环啮合。驱动齿轮与飞轮齿环接近完全啮合时，引铁前端推动触盘顶杆带动触盘将电动机的电路接通。起动机带动发动机旋转。

电动机电路接通时，吸引线圈被短路，靠保持线圈的磁力将引铁保持在吸合位置。在电动机电路接通的同时，触盘也将附加电阻短路开关接线柱与电动机开关接线柱接通，使点火系统中的附加电阻线短路，从而保证在起动过程中能可靠地点火。在起动过程中，当驱动齿轮与飞轮齿环发生抵齿而不能啮合时，拨叉下端可推动离合器滑环的后半环，压缩缓冲弹簧继续后移，使电动机电路接通。待起动机旋转后，在缓冲弹簧的作用下，再迫使驱动齿轮与飞轮齿环啮合。

发动机起动后，放松起动开关，起动继电器线圈电路被切断，继电器触点张开。继电器触点张开后电动机开关断开前瞬间，保持线圈的电流由蓄电池正极→电动机开关接线柱→触盘→接线柱→吸引线圈→保持线圈→搭铁→蓄电池负极，构成回路。

由于吸引线圈和保持线圈通过电流后，产生的磁场方向相反，相互削弱，引铁在引铁复位弹簧的作用下退回原位。触盘也在触盘复位弹簧的作用下退回，电动机电路被切断，电动机停止工作。引铁退回的同时推动拨叉上端后移，拨叉的下端则带动滑环前移，迫使驱动齿轮与飞轮齿环分离。

离合器传动导管与电枢轴采用螺旋键配合，有利于驱动齿轮与飞轮齿环的分离。因为电动机电路切断后，电枢转速降低，而离合器由于惯性作用，再加上飞轮齿环的带动，其转速会高于电枢转速。因此促使离合器带动驱动齿轮沿电枢轴的螺旋键槽向前移动，加速了驱动齿轮与飞轮齿环的分离。正因如此，触盘复位弹簧可采用弹力较弱的弹簧，既可减小引铁前移时的阻力、带动驱动齿轮与飞轮齿环啮合，又可减小电磁铁线圈的尺寸；既能节约导线，又使结构紧凑。

二、任务组织

1. 任务目的与要求

（1）能够进行起动机的拆装。

（2）能够进行起动机的测试与维修。

（3）核心技能：掌握轿车起动系统检修方法。

2. 任务设备及工具

（1）实训用起动机总成。

（2）常用拆装工具1套。

（3）万用表、稳压电源等检测工具。

3. 安全与环保教育

（1）拆卸前，做好安全教育，避免出现安全事故。

（2）拆卸电机前，戴好手套等劳保用品，同时要确保已切断电源。

三、任务知识准备

起动机结构不同，拆装顺序也不相同，本次任务拆卸的是轿车起动机开关总成。拆卸时，只需将其分解成电磁开关、电枢绕组、磁场线圈与电动机壳体、单向离合器、端盖等即可，拆卸后效果如图3-14所示。分解之后，必须注意电枢绕组、磁场绕组、单向离合器与电刷等部件不能用洗油清洗，只能用棉纱蘸少量汽油擦拭，其余部件可用洗油清洗。

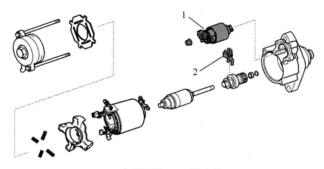

1—电磁开关；2—驱动杆

图 3-14　拆卸轿车起动机开关总成

起动机的解体。

（1）拆卸电磁起动机开关总成（见图 3-15）

① 拆卸定位螺母并断开引线。

② 拆卸 2 颗螺母并将电磁起动机开关拉到后侧，向上拉电磁起动机开关的顶端，从驱动杆中取出柱塞钩，拆卸电磁开关。

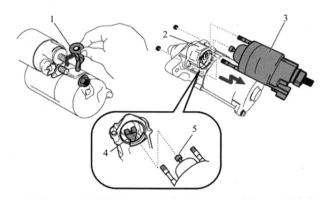

1—引线；2—起动机外壳；3—电磁开关；4—驱动杆；5—柱塞钩

图 3-15　拆卸电磁起动机开关总成

（2）拆卸起动机磁轭总成（见图 3-16）

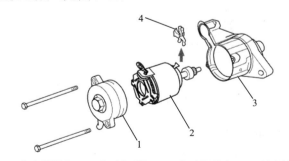

1—换向器端盖；2—起动机磁轭；3—起动机外壳；4—驱动杆

图 3-16　拆卸起动机磁轭总成

① 拆卸 2 个螺栓。

② 拆卸换向器端盖。

③ 从起动机外壳分开起动机磁轭。

④ 拆卸驱动杆。

（3）拆卸起动机电刷弹簧

① 用台钳将电枢轴固定在两块铝板或布之间，如图 3-17 所示。

② 用手指向上扳卡销，然后拆下挡板，如图 3-18 所示。

注意：应缓慢拆下挡板，否则电刷弹簧可能会弹出。

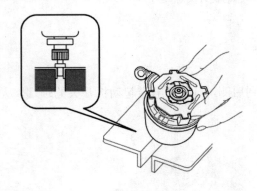

图 3-17　固定电枢轴

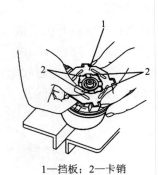

1—挡板；2—卡销

图 3-18　拆下挡板

③ 用平头螺丝刀（或其他工具）压住电刷弹簧，然后拆下电刷，如图 3-19 所示。

注意：操作时应用胶带缠住螺丝刀。为防止电刷弹簧弹出，可用一块布盖在电刷座上。

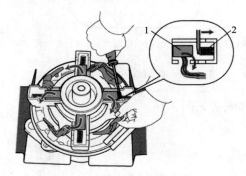

1—电刷；2—电刷弹簧

图 3-19　拆下电刷

④ 从电刷座绝缘体上拆下电刷弹簧，如图 3-20 所示。

⑤ 拆卸电刷座绝缘体，如图 3-21 所示。

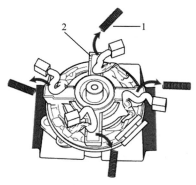

1—电刷弹簧；2—电刷座绝缘体

图 3-20　拆下电刷弹簧

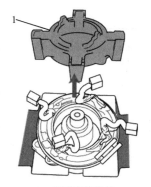

1—电刷座绝缘体

图 3-21　拆卸电刷座绝缘体

四、任务实施

1. 起动机的拆卸

按照工艺要求进行起动机的拆卸，将拆卸记录填入表 3-1 中。

表 3-1　起动机拆卸记录

序号	作业内容	操作工具	拆卸检查	结论
1	拆下起动机电磁开关总成			
2	拆卸起动机磁轭总成			
3	拆卸起动机电刷弹簧			
4	拆卸起动机离合器			
5	将起动机零部件顺序排放			

2. 起动机零部件检修

按照工艺要求对起动机零部件进行检修，并将检修结果填入表 3-2 中。

表 3-2　起动机检测结果记录

序号	检测项目			标准情况	检测情况	结论
1	磁场绕组	磁场绕组断路的检查		通（0 Ω）		
		磁场绕组搭铁的检查		不通（∞）		
		磁场绕组短路的检查		每个磁极对改锥的吸引力相同		
2	电枢绕组	断路检验	试验台	电流表读数均应不变		
			万用表	$R=0\,\Omega$		
		搭铁检验	试验台	搭铁灯不亮		
			万用表	$R=\infty$		
		短路检验	试验台	钢片不振动		
			万用表	$R=\infty$		
3	电枢轴弯曲度			≤0.15 mm		

续表

序号	检测项目		标准情况	检测情况	结论
4	单向离合器		单向转动		
5	减速齿轮				
6	电刷高度	7～10 mm			
7	电磁开关	吸引线圈电阻值	0.6 Ω 以下		
		保持线圈电阻值	1 Ω		

3. 起动机的组装

按照起动机组装工艺要求制订组装计划，并进行组装，将组装记录填入表 3-3 中。

表 3-3　起动机组装记录

作业内容	操作工具	操作检查	结论
安装起动机离合器分总成			
安装起动机电枢总成			
安装起动机电刷弹簧			
安装起动机磁轭总成			
安装电磁起动机开关总成			

4. 起动机的测试

按照工艺要求，直接用蓄电池供电检查起动机的各项功能，将测试结果填入表 3-4 中。

表 3-4　起动机测试结果记录

作业内容	测试数据	分析	结论
电磁开关吸引线圈测试			
保持线圈测试			
小齿轮间隙检查			
小齿轮回位测试			
空载起动试验			

任务二　汽车起动故障诊断与排除

一、理论知识准备

1. 起动机的检查

（1）检查起动机电枢总成

① 目测检查。检查电枢线圈和换向器的变脏程度或是否烧坏。起动机的换向器很容易变脏和烧坏。换向器变脏和烧坏之后会干扰电流，并妨碍起动机的正常运转。

② 清洁。用抹布或者刷子清洁电枢总成。

③ 起动机电枢绝缘和导通检查。用万用表检查换向器和电枢铁芯之间的绝缘情况，起动机电枢绝缘检查如图 3-22 所示。电枢铁芯和电枢线圈之间的状态为绝缘，换向器与电枢线圈相连。如果零部件正常，换向器和电枢铁芯之间的状态为绝缘。

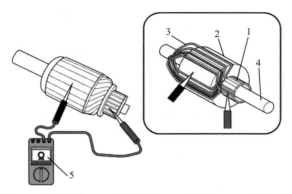

1—换向器；2—电枢铁芯；3—电枢线圈；4—电枢轴；5—万用表（不导通）

图 3-22　起动机电枢绝缘检查

用万用表检查换向器片之间的导通情况，起动机电枢导通检查如图 3-23 所示。换向器片通过电枢线圈相互连接，如果零部件正常，换向器片之间的状态为导通。

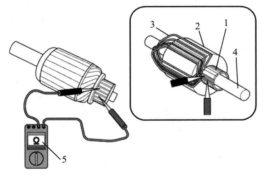

1—换向器；2—电枢铁芯；3—电枢线圈；4—电枢轴；5—万用表（导通）

图 3-23　起动机电枢导道检查

④ 换向器圆跳动检查。用千分表检查换向器的跳动水平，在冷态时，径向跳动量在圆周速度大于或等于 15 m/s 时，跳动水平小于或等于 0.05 mm，在圆周速度小于 15 m/s 时，小于或等于 0.09 mm，如图 3-24 所示。由于换向器的跳动量变大，若换向器与电刷接触不良，可能会出现起动机无法运转的故障。

⑤ 用游标卡尺测量换向器的外径，如图 3-25 所示。由于换向器在转动时要与电刷接触，因此会受到磨损。如果测量值超出规定的磨损范围（小于或等于 0.2 mm），与电刷的接触将变差，这可能会导致起动机无法转动和其他故障。

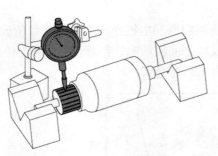

图 3-24 换向器圆跳动检查

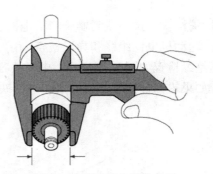

图 3-25 测量换向器的外径

⑥ 检查凹槽深度。用游标卡尺的深度杆测量换向器片之间的深度（深度值应大于或等于 0.5 mm），如图 3-26 所示。

（2）检查励磁线圈

使用万用表进行下列检查。

① 检查电刷引线(A 组)和引线之间的导通情况。电刷引线由两组组成：一组（A 组）与引线相连，另一组（B 组）与起动机磁轭相连。检查引线和所有电刷引线之间的导通情况，如图 3-27 所示。与 A 组相连的两根电刷引线导通，与 B 组相连的两根电刷引线不导通。

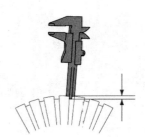

图 3-26 检查凹槽深度

检查电刷引线和引线之间的导通情况有助于确定励磁线圈中是否发生开路；检查电刷引线和起动机磁轭之间的绝缘情况有助于确定励磁线圈中是否发生短路。

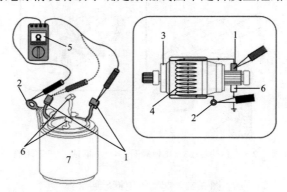

1—电刷引线（A 组）；2—引线；3—电枢；4—励磁线圈；

5—万用表（导通）；6—电刷引线（B 组）；7—起动机磁轭

图 3-27 检查电刷引线和引线之间的导通情况

② 检查电刷引线（B 组）和起动机磁轭之间的绝缘情况，如图 3-28 所示。

（3）检查电刷

电刷被弹簧压在换向器上。如果电刷磨损程度超过规定限度（磨损量不超过 60%），弹簧的夹持力将降低，与换向器的接触将变差。这可能会使起动机无法转动。

① 清洁电刷并用游标卡尺测量电刷长度，如图 3-29 所示。测量电刷中部的电刷长度，因为此部分磨损更严重。用游标卡尺的顶端测量电刷长度，因为磨损部位呈圆形。如果上述

测量值低于规定值，请更换电刷。

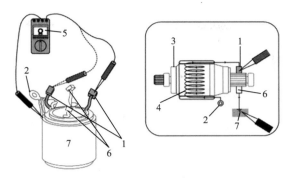

1—电刷引线（A组）；2—引线；3—电枢；4—励磁线圈；

5—万用表（不导通）；6—电刷引线（B组）；7—起动机磁轭

图3-28 检查电刷引线（B组）和起动机磁轭之间的绝缘情况

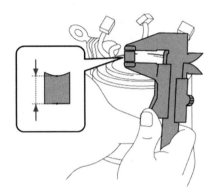

图3-29 用游标卡尺测量电刷长度

② 更换电刷。

切断起动机磁轭侧连接位置的电刷引线，如图3-30所示。

用木锉或者砂纸整形起动机磁轭侧的焊接面，如图3-31所示。

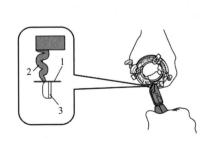

1—切断；2—电刷引线；3—起动机磁轭侧

图3-30 切断起动机磁轭侧连接位置的电刷引线

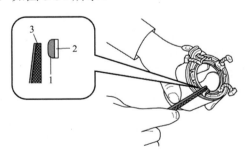

1—整形区；2—起动机磁轭侧；3—木锉

图3-31 整形起动机磁轭侧的焊接面

将带板的新电刷安装到起动机磁轭侧上，稍稍用力压一下，使其互相连接，新电刷的安装如图3-32所示。

将新电刷焊接在连接部位，如图 3-33 所示。

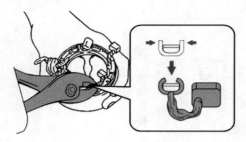

图 3-32　新电刷的安装

图 3-33　将新电刷焊接在连接部位

（4）检查起动机单向离合器分总成

用手转动起动机单向离合器，检查单向离合器是否处于闭锁状态，如图 3-34 所示。单向离合器仅向一个旋转方向传送转矩。在另一个方向，单向离合器只是空转，不会传送转矩。

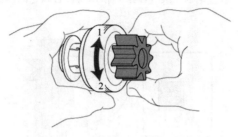

1—自由；2—闭锁

图 3-34　检查单向离合器是否处于闭锁状态

（5）检查电磁起动机开关总成

① 检查柱塞。用手指按住柱塞，松开手指之后，检查柱塞是否能很顺畅地返回其原来位置，如图 3-35 所示。由于开关在柱塞中，如果柱塞无法顺畅地返回其原始位置，开关的接触将变差，因此无法打开/关闭起动机。如果柱塞的运行不正常，应更换电磁起动机开关总成。

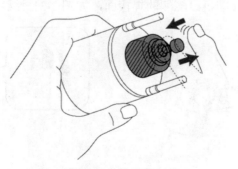

图 3-35　检查柱塞

② 检查电磁起动机开关的导通情况，如图 3-36 所示。用万用表测量端子 50 和端子 C 之间的导通情况（吸引线圈的导通检查）。如果吸引线圈正常，则两个端子之间为导通；如果吸引线圈断开，则柱塞无法被吸动。

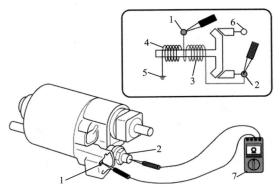

1—端子 50；2—端子 C；3—吸引线圈；4—保持线圈；

5—壳体；6—端子 30；7—万用表（导通）

图 3-36　检查电磁起动机开关的导通情况

③ 检查保持线圈中的导通情况，如图 3-37 所示。用万用表测量端子 50 和壳体之间的导通情况。如果保持线圈正常，则端子 50 和开关壳体之间为导通；如果保持线圈断开，可牵引柱塞，但无法保持，因此小齿轮会反复伸出和返回。

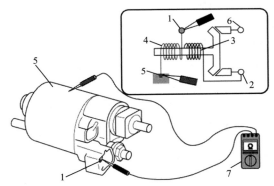

1—端子 50；2—端子 C；3—吸拉线圈；4—保持线圈；

5—壳体；6—端子 30；7—万用表（导通）

图 3-37　检查保持线圈中的导通情况

2. 起动机的测试

检查起动机时可直接用蓄电池供电，然后检查起动机的各项功能。

注意： 用蓄电池给起动机长时间供电会烧坏线圈，因此每次检查的时间应限定为 3～5 s。

（1）电磁开关吸引测试

电磁开关吸引测试用于检查电磁起动机开关吸引线圈是否正常。测试方法如图 3-38 所示。

① 为防止起动机转动，从端子 C 断开励磁线圈引线。

② 将蓄电池正极（＋）端子连接端子 50。

③ 将蓄电池负极（－）端子连接起动机体和端子 C，检查小齿轮是否伸出。如果小齿轮没有伸出，应更换电磁起动机开关总成。

汽车电器与电路检修（微课版）

（2）电磁开关保持测试

电磁开关保持测试的目的是检查保持线圈是否正常。测试方法如图 3-39 所示。

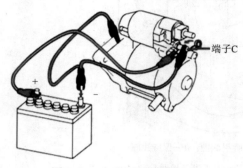

图 3-38　电磁开关吸引测试

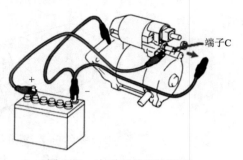

图 3-39　电磁开关保持测试

① 电磁开关吸引测试之后，当小齿轮伸出时，从端子 C 断开测试引线 A（该引线连接蓄电池负极端子和端子 C）。

② 检查小齿轮是否保持伸出状态。

断开测试引线 A，从端子 C 断开流入吸引线圈的电流，让电流仅流入保持线圈。如果小齿轮无法保持伸出状态，请更换电磁起动机开关总成。

（3）小齿轮间隙检查

在保持测试状态下，测量小齿轮和止动环之间的间隙。如果间隙超出规定值范围，请更换电磁起动机开关总成。小齿轮间隙检查如图 3-40 所示。

（4）小齿轮回位检查

① 当小齿轮伸出时，从壳体断开接地线，如图 3-41 所示。

② 确认小齿轮返回其原始位置。如果小齿轮未返回其原始位置，请更换电磁起动机开关总成。

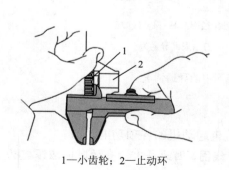

1—小齿轮；2—止动环

图 3-40　小齿轮间隙检查

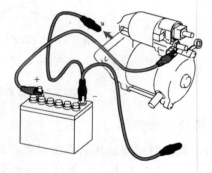

图 3-41　小齿轮回位检查

（5）起动机空载起动实验

起动机空载起动实验用于检查起动机电磁开关的接触点，以及换向器和电刷之间的接触状况。其测试方法如图 3-42 所示。

① 用台钳固定住夹在铝板或者布之间的起动机。

② 将拆下的励磁线圈引线连接端子 C（复原）。

③ 将蓄电池正极（＋）端子连接端子 30 和端子 50。

④ 将电流表连接在蓄电池正极（＋）端子和端子 30 之间（电流表也可不接，该项选做）。

⑤ 将蓄电池负极（－）端子连接壳体，然后转动起动机。

测量流入起动机的电流。规定电流：一般低于 50 A，但电流值会因起动机电机的不同而不同，有时甚至为 200～300 A。可预先查阅维修手册，务必使用容量足够大的电流表和引线。

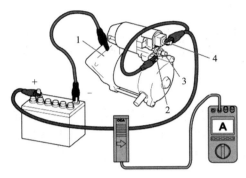

1—壳体；2—端子 50；3—端子 C；4—端子 30

图 3-42 起动机空载起动实验测试方法

二、任务组织

1. 任务目的与要求

（1）掌握起动系统常见故障。

（2）能够进行起动系统故障诊断。

2. 任务设备及工具

（1）实训轿车。

（2）常用拆装工具 1 套。

（3）万用表、稳压电源等检测工具。

3. 安全与环保教育

（1）拆卸前，对车辆进行必要的保护，避免刮、划面漆。

（2）拆卸起动电机前，拔出汽车钥匙，切断汽车电源。

三、任务知识准备

对于汽车起动故障，首先应判明是起动系统故障还是发动机故障。本次任务只涉及起动系统故障。各汽车起动系统常见故障有接通起动开关时起动机不转、起动机空转、起动机运转无力和驱动齿轮与飞轮齿环不能啮合而发出撞击声。

1. 接通起动开关时起动机不转故障诊断

（1）故障原因

将点火钥匙转到 ST 挡时，起动机不转的常见原因如下所示。

① 蓄电池严重亏电。

② 蓄电池正、负极柱上的电缆接头松动或接触不良。

③ 电动机开关触点严重烧蚀或两触点高度调整不当而导致触点表面不在同一平面内，使触盘不能将两个触点接通。

④ 换向器严重烧蚀而导致电刷与换向器接触不良。

⑤ 电刷弹簧压力过小或电刷在电刷架中卡死。

⑥ 电刷引线断路或绝缘电刷（即正电刷）搭铁。

⑦ 磁场绕组或电枢绕组有断路、短路或搭铁故障。

⑧ 电枢轴的铜衬套磨损过多，使电枢轴偏心而导致电枢铁芯"扫膛"（即电枢铁芯与磁极发生摩擦或碰撞）。

（2）故障诊断与排除方法

各汽车起动系统故障的诊断与排除方法基本相同，仅具体线路有所不同。出现起动机不转故障时，首先应检查蓄电池状态，然后检查导线（特别是蓄电池搭铁电缆和火线电缆的连接情况），再检查起动机和开关。起动机不转故障的诊断与排除程序如图 3-43 所示，检查与判断方法如下。

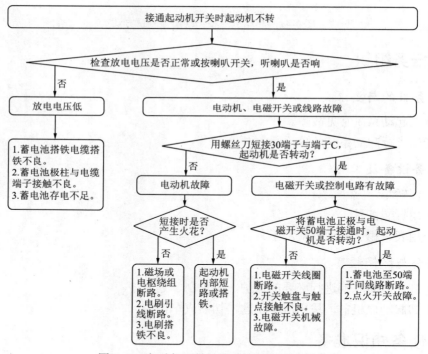

图 3-43　起动机不转故障的诊断与排除程序

① 用万用表或放电计检查蓄电池放电电压或接通汽车前照灯和喇叭，若放电电压正常（起动时高于 10 V），灯发亮或喇叭响，说明蓄电池存电较足，故障不在蓄电池；若放电电压低，灯不亮或喇叭不响，说明蓄电池或电源线路有故障，应检查蓄电池搭铁电缆和火线电缆的连接有无松动以及蓄电池存电是否充足。

② 起动机电磁控制电路如图 3-44 所示，若灯亮或喇叭响，说明故障发生在起动机、开关或控制电路。可用螺丝刀将起动机 30 端子与 C 端子接通，使起动机空转。若起动机不转，

则电动机有故障；若起动机空转正常，说明电磁开关或控制电路有故障。

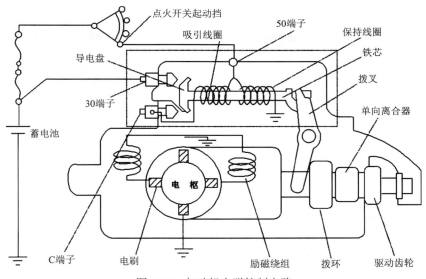

图 3-44 起动机电磁控制电路

③ 诊断电动机故障时，可根据螺丝刀搭接 30 端子与 C 端子时产生火花的强弱来辨别。若搭接时无（或弱）火花，说明磁场绕组、电枢绕组或电刷引线等有断路故障；若搭接时有强烈火花而起动机不转，说明起动机内部有短路或搭铁故障，须拆下起动机进行进一步检修。

④ 诊断是电磁开关还是控制电路故障时，可用导线将蓄电池正极与电磁开关 50 端子接通（时间为 3~5 s）。如接通时起动机不转，说明电磁开关故障，应拆下检修或更换电磁开关；如接通时起动机转动，说明 50 端子至蓄电池正极之间线路断路或点火开关故障。

⑤ 排除电磁开关 50 端子至蓄电池正极之间是线路断路还是点火开关故障时，可用万用表或 12V/2W 试灯逐段进行排除。将试灯的一个引线电极搭铁，另一个引线电极接点火开关 50 端子，如试灯不亮，说明蓄电池正极至点火开关间的线路断路；如试灯发亮，说明该段线路良好，继续下述检查。

⑥ 将试灯引线电极接点火开关 50 端子，点火钥匙转到起动位置，如试灯不亮，说明点火开关故障，应予以更换；如试灯发亮，说明点火开关良好，故障发生在蓄电池至 50 端子之间线路，逐段检查即可排除。

2. 起动机运转无力故障诊断

接通起动开关，若起动机能运转，则说明控制电路工作正常。若起动机运转无力，说明带负载能力降低，实际输出功率减小。其原因有以下几个方面。

（1）蓄电池存电不足或有短路故障使其供电能力降低。

（2）电动机主电路接触电阻增大使起动机工作电流减小。接触电阻增大的原因包括蓄电池搭铁电缆搭铁不实，电池正、负极柱上的电缆端头固定不牢，电动机开关触点与触盘烧蚀，电刷与换向器接触不良，换向器烧蚀，等等。

（3）磁场绕组或电枢绕组局部短路使起动机输出功率降低。

（4）发动机装配过紧或环境温度很低导致起动阻力矩过大时，也可能出现起动机运转无力的现象。

3. 起动机空转或不能啮合故障诊断

接通起动开关时起动机空转的原因是单向离合器打滑而不能传递驱动转矩，更换单向离合器，故障即可排除。

若驱动齿轮与飞轮齿环不能啮合，会发出撞击声。起动发动机时，起动机驱动齿轮与发动机飞轮齿环发生打齿现象的原因如下。

（1）驱动齿轮轮齿或飞轮齿环轮齿磨损过甚或损坏。

（2）驱动齿轮端面与端盖凸缘间的距离过小。当驱动齿轮与飞轮齿环尚未啮合或刚刚啮合时，电动机主电路就已接通，由于驱动齿轮在高速旋转过程中与静止的飞轮齿环相撞，因此会发出强烈的打齿声。

4. 起动机异响故障诊断

当接通起动开关时，起动机的活动铁芯因连续不断地往复运动而发出"哒、哒……"声音的现象，称为"打机枪"现象。

（1）故障原因

导致起动机产生"打机枪"现象的常见原因如下。

① 蓄电池严重亏电或内部短路。

② 电磁开关保持线圈断路或搭铁不良。

③ 起动继电器触点断开电压过高。

起动继电器断开电压过高而导致产生"打机枪"现象的常见原因如下。

当断开电压过高时，由于接通起动开关时起动继电器触点闭合，吸引线圈和保持线圈电流接通，其电磁吸力使活动铁芯前移将电动机主电路接通，因此，蓄电池大量放电，其电压急剧下降。当蓄电池电压降到断开电压时，起动继电器触点断开，使吸引线圈和保持线圈电流切断，活动铁芯复位，电动机主电路切断，蓄电池停止大电流放电，其电压迅速回升。与此同时，起动继电器线圈两端的电压迅速升高，其触点又重闭合，活动铁芯又重前移，电动机主电路又重接通，蓄电池又重大量放电，其电压又重急剧下降。由于起动继电器断开电压过高，因此在起动机尚未转动时，蓄电池作用在起动继电器线圈两端的电压就迅速降到断开电压，触点又重断开，铁芯又重复位。如此重复上述过程，驱动齿轮便周期性地敲击飞轮齿环而发出"打机枪"似的"哒、哒……"声。

（2）故障排除

排除"打机枪"故障时，可先用万用表检测蓄电池电压。接通起动机时，其电压不得低于 9.6 V。如电压过低，说明蓄电池已严重亏电或内部短路，应予以更换。如蓄电池状况良好，则说明电磁开关保持线圈因搭铁不良而断路或起动继电器断开电压过高，分别检修或更换电磁开关、起动继电器即可排除故障。

四、任务实施

1. 起动机不转故障排除

起动汽车，检查故障现象，参照故障诊断记录分析故障原因，制订检修计划，进行故障诊断，将诊断记录填入表 3-5 中。

表 3-5　起动机不转故障诊断记录

序号	作业内容	检查数据	故障分析	结论
1	检验故障车辆			
2	检验蓄电池放电电压			
3	检查电磁开关电压			
4	短接起动机电磁开关			
5	是否线路故障			
6	是否起动机故障			
7	起动机故障排除			
8	重新检验故障车辆			

2. 起动机运转无力故障检修

起动汽车，检查故障现象，参照故障诊断记录分析故障原因，制订检修计划，进行故障诊断，将诊断记录填入表 3-6 中。

表 3-6　起动机运转无力故障诊断记录

序号	作业内容	检查数据	故障分析	结论
1	检验故障车辆			
2	检验蓄电池放电电压			
3	检查电磁开关电压			
4	短接起动机电磁开关			
5	拆解起动机			
6	起动机故障诊断			
7	起动机故障排除			
8	重新检验故障车辆			

3. 起动机声音异常故障检修

起动汽车，检查故障现象，参照故障诊断记录分析故障原因，制订检修计划，进行故障诊断，将诊断记录填入表 3-7 中。

表 3-7　起动机声音异常故障诊断记录

序号	作业内容	检查数据	故障分析	结论
1	检验故障车辆			
2	检验蓄电池放电电压			
3	检查电磁开关电压			
4	检查起动机驱动小齿轮			
5	检查起动电磁开关			
6	检查起动机的安装			

续表

序号	作业内容	检查数据	故障分析	结论
7	检查起动机的传动机构			
8	起动机故障排除			
9	重新检验故障车辆			

小结

　　汽车的起动系统由蓄电池、起动控制电路和起动机组成。蓄电池负责为起动机供电，起动控制电路控制起动机电路通断。起动机小齿轮带动飞轮运转，使发动机完成起动。起动完成后，起动机小齿轮要与飞轮齿环脱离接触，防止出现"飞车"现象。

　　在本项目中，通过对汽车起动系统的学习，读者可掌握汽车起动系统的组成、原理及工作特性；通过起动机的拆装与检测、汽车起动系统的故障与维修，读者可认识和了解汽车起动系统，并具备拆装起动系统、更换零部件以及诊断与排除基本故障的能力。

习　　题

1. 简述汽车起动机的工作原理。
2. 简述起动机的拆卸步骤。
3. 简述起动机的装配步骤。
4. 简述起动机电枢检测步骤。
5. 简述起动机励磁线圈检测步骤。
6. 简述接通起动开关时起动机不转故障出现的常见原因。

项目四
点火系统故障

【项目引入】

发动机作为一种内燃机，依靠的是燃料在气缸内燃烧产生的压力推动活塞做功。燃料能稳定而可靠地燃烧是发动机稳定运转的前提，发动机点火系统就是燃料燃烧的有效保障。点火系统故障是我们日常用车过程中的常见故障，相信许多人在日常用车过程中都遇到过车辆无法点火的情况。那么大家是否思考过车辆无法点火的原因呢？是否留意过出现的点火故障是怎样诊断和排除的呢？

本项目让读者了解各种发动机点火系统的结构、组成和工作原理，并探索点火系统的常见故障及故障出现的原因，以及掌握点火系统故障检修的方法和步骤。

【学习目标】

1. 了解点火系统的分类。

2. 掌握点火系统的组成及各部件的结构。

3. 掌握各种点火系统的工作原理。

4. 掌握点火系统各部件的检查方法。

5. 掌握点火系统故障诊断流程。

任务一 点火系统主要元件的检查

一、理论知识准备

1. 点火系统概述

在汽油发动机中，汽油无法依靠压缩行程产生的温度自燃，需要依靠点火系统在气缸内产生电火花来点燃可燃混合气，以推动活塞做功。

点火系统的作用是将汽车电源供给的低压电转变为高压电，并按照发动机的做功顺序与点火时刻的要求，适时、准确地将高压电送至各缸的火花塞，使火花塞跳火，点燃气缸内的混合气。

点火系统的分类如下。

目前在汽车上应用的点火系统类型较多，可按以下几种方式分类。

（1）按点火能量的储存方式分类

① 电感储能式电子点火系统（电感放电式电子点火系统）。

② 电容储能式电子点火系统（电容放电式电子点火系统）。

（2）按信号发生器的原理分类

① 电磁感应式电子点火系统，如丰田车系。

② 霍尔效应式电子点火系统，如大众车系。

③ 光电式电子点火系统，如日产车系。

（3）按照初级电路的控制方式分类

① 传统点火系统，又称为蓄电池点火系统，现已被淘汰。

② 电子点火系统，应用于化油器式发动机的点火系统，如 CA1091、EQ1091 及早期生产的捷达等车型。本项目没有特别说明的均指电子点火系统。

③ 微机控制点火系统，广泛应用于电控发动机的点火系统。

（4）按照高压电的配电方式分类

① 机械配电点火系统（有分电器点火系统）。

② 电脑配电点火系统（无分电器点火系统）。

在以上各种点火系统装置中，相对于电容储能式电子点火系统，电感储能式电子点火系统的应用较为广泛；在电感储能式电子点火系统中，以电磁感应式电子点火系统和霍尔效应式电子点火系统的应用较为广泛；有分电器点火系统在中、低档车中的应用较为广泛，无分电器点火系统在中高档车中的应用较为广泛。

所谓电感储能式电子点火系统，就是点火系统火花的能量以磁场的形式储存在点火线圈中的电子点火系统。蓄电池点火系统属于电感储能式电子点火系统。

所谓电容储能式电子点火系统，就是点火系统火花的能量以电场的形式储存在专门的储能电容器中的电子点火系统。

2. 传统点火系统认识

传统点火系统的组成如图 4-1 所示，主要包括电源（蓄电池）、点火开关、点火线圈、断电器、分电器、火花塞、高压导线、附加电阻等。

微课

传统点火系统认识

（1）电源

传统点火系统工作时所需的电能由电源提供，电源由蓄电池和发电机构成，其标称电压一般为 12 V。

（2）点火开关与点火线圈

点火开关用来控制仪表电路、传统点火系统初级电路及起动机继电器电路的开闭。点火线圈的功能相当于变压器，用于将电源供给的 12 V 低压直流电转变为高压直流电。

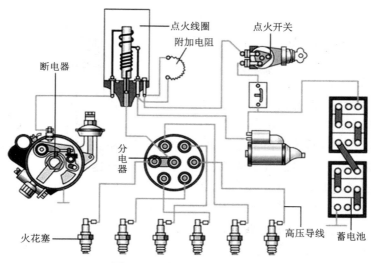

图 4-1 传统点火系统的组成

（3）分电器

分电器由断电器、配电器、电容器和点火提前装置等部件组成，在发动机工作时负责接通与切断传统点火系统的初级电路，使点火线圈的次级绕组中产生高压电，并按发动机各工况要求的点火时刻与点火顺序，将点火线圈产生的高压电分配到相应气缸的火花塞上。

（4）火花塞

火花塞由中心电极、侧电极等组成，安装在发动机的燃烧室中，用点火线圈产生的高压直流电产生电火花，点燃燃烧室内的可燃混合气。

火花塞位于气缸燃烧室内，工作条件十分恶劣，它承受高压、高温及燃烧产物的强烈腐蚀。因此，火花塞必须具有足够的强度，能承受温度的剧烈变化，有良好的热特性。火花塞的电极应采用难熔、耐腐蚀的材料制成。

① 火花塞的构造

火花塞的构造如图 4-2 所示。它的中心电极由镍铬合金制成，具有良好的耐高温、耐腐蚀性能。中心电极做成两段，中间加有导电玻璃，由于导电玻璃和瓷绝缘体的膨胀系数相近，因此，导电玻璃主要是起密封作用。侧电极和中心电极间隙多为1.0~1.2 mm。

② 火花塞的热特性

火花塞的热特性是指火花塞下部（裙部）的温度特性。实践证明，火花塞裙部温度保持在 500~600 ℃时，可以使落在瓷绝缘体上的油滴立即燃烧，通常将这个温度称为火花塞的自净温度。低于自净

微课

火花塞

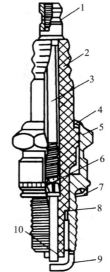

1—接线螺母；2—瓷绝缘体；3—金属杆；

4、8—内密封垫圈；5—壳体；6—导电玻璃；

7—密封垫圈；9—侧电极；10—中心电极

图 4-2 火花塞的构造

温度时，火花塞易产生积炭；高于这个温度时，在火花塞表面易产生炽热点，导致油滴早燃。因此，要使火花塞能正常工作，就要使火花塞的裙部温度保持在自净温度范围内。

火花塞的热特性主要决定于瓷绝缘体裙部的长度。瓷绝缘体裙部较长的火花塞，其受热面积大、传热距离长、散热困难、裙部温度高，称为"热型"火花塞；反之，裙部较短的火花塞，其吸热面积小、传热距离短、散热容易、裙部温度低，称为"冷型"火花塞。火花塞的热特性如图4-3所示。热型火花塞用于低压缩比、低转速、小功率的发动机，冷型火花塞用于高压缩比、高转速、大功率的发动机。

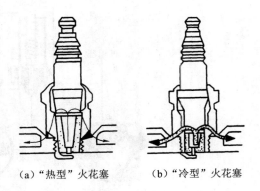

（a）"热型"火花塞　　（b）"冷型"火花塞

图4-3　火花塞的热特性

③ 火花塞的类型

常见的火花塞结构类型如图4-4所示。

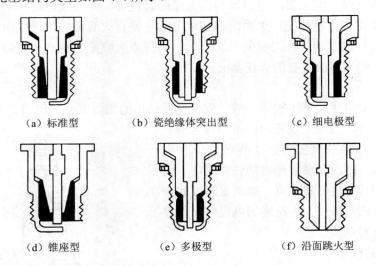

（a）标准型　　　（b）瓷绝缘体突出型　　　（c）细电极型

（d）锥座型　　　（e）多极型　　　（f）沿面跳火型

图4-4　常见的火花塞结构类型

● 标准型火花塞。其瓷绝缘体裙部略缩入壳体端面，侧电极在壳体端面以外，是使用最广泛的火花塞。

● 瓷绝缘体突出型火花塞。其瓷绝缘体裙部较长，突出于壳体端面以外。它具有吸收热量大、抗污能力强等优点，且能直接受到进气的冷却而降低温度，因而也不易引起炽热点火，热适应范围宽。

● 细电极型火花塞。其电极很细、火花强烈、点火能力好，在严寒季节也能保证发动机可迅速、可靠地点火，热适应范围较宽，能满足多种用途。

● 锥座型火花塞。其壳体和旋入螺纹制成锥形，省去内密封垫圈也可保证良好密封性，从而缩小火花塞体积，利于发动机缸盖的布置。

● 多极型火花塞。电极一般为两个或两个以上，优点是点火可靠、间隙不需经常调整，故常在电极容易烧蚀和火花间隙不能经常调整的汽油发动机上采用。

● 沿面跳火型火花塞。即沿面间隙型火花塞，是一种冷型火花塞。其中心电极与壳体端面之间的间隙是同心的。它必须与点火能量大、电压上升快的电容放电式电子点火系统配合使用，可完全避免火花塞炽热点火和电极跨连现象，即使在油污情况下也能正常点火。其缺点是可燃气体不易接近电极，故在稀混合气情况下不能充分发挥汽油机的性能；另外，由于点火能量增大，中心电极容易被烧蚀。

（5）高压导线

高压导线用于将点火线圈产生的高压直流电引入火花塞。

（6）附加电阻

附加电阻串联在传统点火系统的初级电路中，用来改善点火特性。

3. 电磁感应式电子点火系统认识

（1）电磁感应式电子点火系统组成

图 4-5 所示为汽车常用的磁感应式无触点电子点火装置，它由电子点火器、分电器、点火线圈、火花塞等组成。

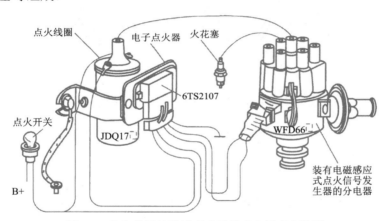

图 4-5　汽车常用的磁感应式无触点电子点火装置

（2）电磁感应式信号发生器的工作原理

电磁感应式信号发生器装在分电器内的底板上，它由装在分电器轴上的信号转子以及永久磁铁、铁芯和绕在铁芯上的传感线圈等组成。信号转子上有凸齿，其数量与发动机的气缸数相同。永久磁铁的磁通经信号转子凸齿和传感线圈构成回路。当信号转子由分电器轴带动旋转时，信号转子凸齿与传感线圈间的间隙将发生变化，磁路的磁阻也随之改变，使通过传感线圈的磁通量发生变化，因而在传感线圈内产生交变电动势。

图 4-6（a）所示为当信号转子按顺时针方向旋转时，信号转子凸齿与磁头间的间隙减小、磁路磁阻减小、磁通量增加、磁通变化率增大、感应电动势为正（$E > 0\,\text{V}$），如图 4-7（a）中曲线 abc、$a'b'c'$ 所示；当转子凸齿接近磁头边缘时，磁通量急剧增加，磁通变化率达到最大，感应电动势达到最高，如图 4-7（a）中曲线上的 b 点、b' 点所示；当转子转过 b 点位置后，虽然磁通量仍在增加，但磁通变化率减小，因此感应电动势降低。

图 4-6（b）所示为当信号转子旋转到转子凸齿的中心线与磁头的中心线对齐时，虽然此时转子凸齿与磁头间的间隙最小，磁路磁阻最小，磁通量最大，但由于磁通量不可能再继续

增加，磁通变化率为零，因此感应电动势为零，如图 4-7（a）中曲线上的 c 点、c' 点所示。

图 4-6（c）所示为当信号转子按顺时针方向继续旋转，转子凸齿离开磁头时，转子凸齿与磁头间的间隙增大，磁通量减少，感应电动势为负（$E < 0\,\mathrm{V}$），如图 4-7（a）中曲线 cda、$c'd'a'$ 所示。转子凸齿将要离开磁头边缘时，磁通量急剧减少，磁通变化率达到负向最大值，感应电动势也达到负向最大值，如图 4-7（a）中曲线上的 d 点、d' 点所示。

由此可见，信号转子每转过一个凸齿，传感线圈中就会产生一个周期的交变电动势，同时相应地输出一个交变电压信号。传感线圈就会产生与发动机气缸数相同的交变电压信号输入点火器。每当信号电压达到一定值时，控制器便切断点火线圈初级电流，在次级绕组中就会产生高压直流电使火花塞跳火。

电磁感应式信号发生器具有点火信号电压的大小随发动机转速的变化而变化的特点。发动机转速升高时，电磁感应式点火信号发生器磁路的磁阻变化速率提高，相应磁通量的变化速率也提高，传感线圈产生的信号电压也就随之增大。转速高时，磁通量及感应电动势情况如图 4-7（b）所示。

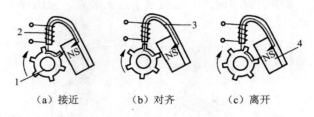

（a）接近　　　　（b）对齐　　　　（c）离开

1—信号转子；2—传感线圈；3—永久磁铁；4—铁芯

图 4-6　电磁感应式信号发生器的工作原理

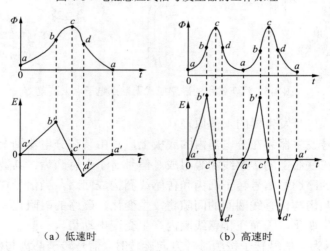

（a）低速时　　　　　　　　　（b）高速时

图 4-7　通过传感线圈的磁通量及感应电动势情况

（3）电磁感应式电子点火系统的工作原理

电磁感应式电子点火系统的工作原理如图 4-8 所示。当接通点火开关时，蓄电池的电压使 VT_1 导通，其直流电路为：蓄电池正极→点火开关→R_3→R_1→VT_1→信号线圈→搭铁→蓄电池负极。

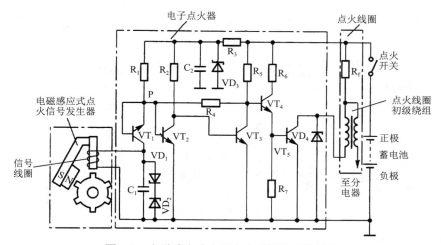

图 4-8 电磁感应式电子点火系统的工作原理

当电磁感应式点火信号发生器产生正向脉冲时，其信号电压与 VT_1 的正向电压叠加后，会高于 VT_2 的导通电压，使 VT_2 导通。VT_2 的导通使 VT_3 的基极电位下降而截止，VT_3 的截止使 VT_4 的基极电位上升而导通，VT_5 因正向偏置电压而导通。因此，初级电流回路为：蓄电池正极→点火开关→点火线圈附加电阻 R_f→点火线圈初级绕组→VT_5→搭铁→蓄电池负极，点火线圈储能。

当电磁感应式点火信号发生器产生反向脉冲时，其信号电压与 VT_1 的正向电压叠加后，使 VT_2 的基极电位降低而截止。VT_2 的截止使 VT_3 的基极电位上升而导通，VT_3 的导通使 VT_4 的基极电位下降而截止，晶体管 VT_5 因没有正向偏置电压而截止。因此初级电流被切断，在次级绕组中产生高压直流电，经配电器按点火次序分配到各缸火花塞，点燃可燃混合气使发动机做功。

电路中三极管 VT_1 的基极和发射极相连，相当于发射极为正、集电极为负的二极管，起温度补偿作用。其原理如下：当温度升高时，VT_2 的导通电压会降低，使 VT_2 提前导通而滞后截止，从而导致点火推迟；VT_1 与 VT_2 的型号相同，具有同样的温度特性系数，故在温度升高时，VT_1 的正向导通电压也会降低，使 P 点电位 U_p 下降，正好补偿了温度升高对 VT_2 工作电位的影响，从而使 VT_2 的导通和截止时间与常温时相同。

电路中其他元件的作用如下：R_3、VD_3 组成电源稳压电路，可使 VT_2 在导通时不受电源系统电压波动影响；VD_1、VD_2 组成信号稳压电路，削平高速时传感线圈产生的峰值电压；VD_4 的作用是防止在初级电流被切断时产生的高压直流电击穿 VT_5；C_1 起信号滤波的作用，C_2 起电源滤波的作用；R_4 为正向反馈电阻，起加速 VT_2 导通和截止的作用。

4. 霍尔效应式电子点火系统认识

霍尔效应式电子点火系统的霍尔信号发生器是利用霍尔效应制成的。霍尔效应式电子点火系统的组成如图 4-9 所示。

（1）霍尔信号发生器

霍尔效应的原理如图 4-10 所示：当电流通过放在磁场中的半导体基片（即霍尔元件），且电流方向与磁场方向垂直时，在同时垂直于电流与磁场的方向上，半导体基片内会产生一个与电流大小和磁场强度成正比的电压。这个电压就称为霍尔电压 U_H，用公式表示如下：

微课

霍尔效应式电子点火系统认识

$U_H=R_H IB/d$，式中 R_H——霍尔系数；d——基片厚度；I——通过半导体基片的电流；B——磁感应强度。

由上式可知，霍尔电压与通过霍尔元件的电流及磁感应强度成正比，当电流 I 为定值时，霍尔电压只与磁感应强度成正比（利用这一效应制成了霍尔信号发生器）。

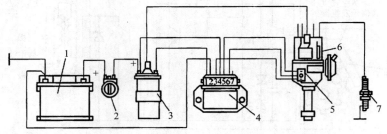

1—蓄电池；2—点火开关；3—点火线圈；4—点火控制器；5—霍尔信号发生器；6—分电器；7—火花塞

图 4-9　霍尔效应式电子点火系统的组成

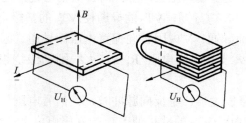

图 4-10　霍尔效应的原理

（2）霍尔信号发生器的结构与原理

霍尔信号发生器的结构如图 4-11 所示，主要由分火头及触发叶轮、永久磁铁、霍尔元件等组成。触发叶轮与分火头制成一体，由分电器轴带动，且触发叶轮的叶片数与发动机的缸数相等。

在霍尔信号发生器中应用的霍尔元件实际上是一个霍尔集成电路，其内部集成电路原理如图 4-12 所示。因为在霍尔元件上得到的霍尔电压一般为 20 mV 左右，因此必须把 20 mV 的霍尔电压进行放大、整形后再输出给点火控制器。

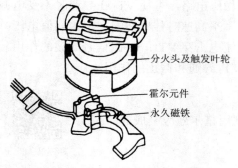

图 4-11　霍尔信号发生器的结构

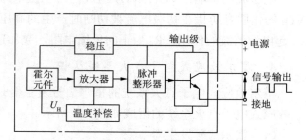

图 4-12　霍尔信号发生器内部集成电路原理

霍尔信号发生器的工作原理如图 4-13 所示。当发动机工作时，分电器轴带动触发叶轮转动，每当触发叶轮的叶片进入永久磁铁和霍尔元件之间的空气隙时，原来垂直进入霍尔元件的磁力线被触发叶轮的叶片遮住，霍尔元件的磁路被触发叶轮的叶片旁路，因此霍尔元件不会产生霍尔电压。此时霍尔元件输出级的晶体管处于截止状态，其集电极电位为高电位 11～12 V，即霍尔信号发生器的输出信号为 11～12 V（见图 4-12）。当触发叶轮的叶片离开此间隙时，永久磁铁的磁力线则可垂直进入霍尔元件，于是在霍尔元件中便会产生霍尔电压，霍尔元件输出级的晶体管处于导通状态，其集电极电位为低电位 0.3～0.4 V，这时霍尔信号发生器输出的信号为 0.3～0.4 V。故触发叶轮每转一周，霍尔信号发生器便可产生 4 个脉冲信号，将此信号传输给点火控制器便可实现对点火系统的控制。

因为霍尔电压受汽车发动机转速的影响小，可靠性高，所以霍尔效应式电子点火系统在欧洲车系中应用较为广泛。

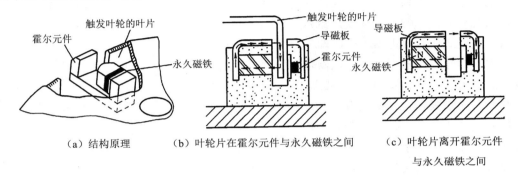

（a）结构原理　　（b）叶轮片在霍尔元件与永久磁铁之间　　（c）叶轮片离开霍尔元件与永久磁铁之间

图 4-13　霍尔信号发生器的工作原理

（3）点火系统的工作过程

桑塔纳轿车点火系统的工作原理如图 4-14 所示。

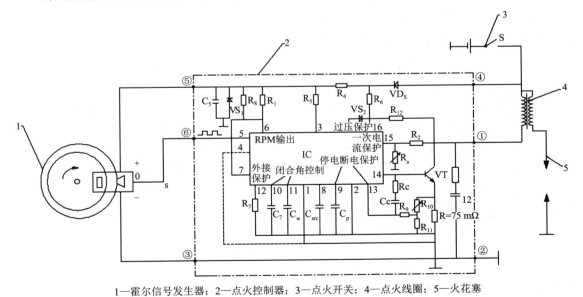

1—霍尔信号发生器；2—点火控制器；3—点火开关；4—点火线圈；5—火花塞

图 4-14　桑塔纳轿车点火系统的工作原理

发动机工作时，分电器轴带动霍尔信号发生器的触发叶轮旋转。当触发叶轮的叶片进入空气隙时，霍尔信号发生器输出高电压信号 11～12 V，高电压信号使点火控制器集成电路中的末级大功率晶体管 VT 导通，点火系统的初级电路导通：电源正极→点火线圈→点火控制器（晶体管 VT）→搭铁。

当触发叶轮的叶片离开霍尔元件的空气隙时，霍尔信号发生器输出 0.3～0.4 V 的低电压信号，低电压信号使点火控制器末级大功率晶体管 VT 截止，点火系统的初级电路截止，一次电流消失，次级电路产生高压电。

高压电由分电器分配到各缸火花塞，用来点燃混合气。

5. 光电式电子点火系统认识

光电式电子点火系统由光电式信号发生器、电子点火器、点火开关、点火线圈、分火头、分电器（遮光盘、光触发器、放大器）、火花塞等组成。

（1）光电式信号发生器工作原理

光电式信号发生器安装在分电器轴上的遮光盘上，开有与发动机气缸数相同的缺口，在遮光盘的上下两面分别装有发光二极管和光敏三极管，光电式信号发生器的工作原理如图 4-15 所示。工作时遮光盘随分电器轴一起转动，当遮光盘遮住发光二极管发出的光线而使光敏三极管感受不到光线时，光敏三极管截止；当遮光盘的缺口转到装有光电元件的位置，光敏三极管感受到发光二极管发出的光线时，光敏三极管导通，产生点火信

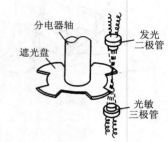

图 4-15　光电式信号发生器的工作原理

号电压并将之输出到点火模块。点火模块根据该信号来控制点火线圈初级电流的通断，产生次级电压。

（2）光电式电子点火系统的工作原理

光电式电子点火系统的工作原理如图 4-16 所示。

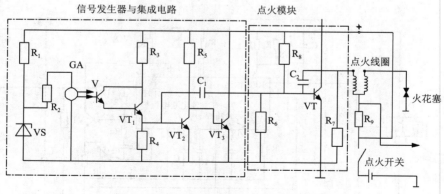

图 4-16　光电式电子点火系统的工作原理

当光敏三极管 V 受光导通时，三极管 VT_1 获得正向偏压而导通。VT_1 导通后为 VT_2 提供正向偏压 U_{R_4}，使 VT_2 导通。VT_2 导通后，VT_3 处于截止状态。大功率三极管 VT 获得正向偏压使 U_{R_6} 导通，从而使点火线圈初级绕组通电；当光敏三极管 V 失光由导通转为截止时，VT_1 失去基极电流由导通转为截止，VT_2 也截止，VT_3 因获得正向偏压由截止转为导通。这时 VT

失去正向偏压，U_{R_6} 由导通转为截止，点火线圈初级绕组断电，在点火线圈次级绕组中产生高压电，经配电器分送至各缸火花塞。

电路中其他元件的作用如下：稳压二极管 VS 用以保证发光二极管 GA 获得稳定的工作电压；电容 C_1 构成正反馈电路，用以提高 VT 的开关速度，减少功率损耗，防止发热；电阻 R_7 用以保护 VT，当 VT 由导通转为截止时，在次级绕组中产生次级电压的同时，初级绕组也产生 300 V 左右的自感电动势，R_7 可为其提供回路，防止 VT 被击穿损坏；电阻 R_8 与电容 C_2 也具有 R_7 的作用，同时 C_2 还具有滤波功能；电阻 R_9 为点火线圈的附加电阻。

6. 微机控制点火系统认识

（1）微机控制点火系统的组成

微机控制点火系统的结构因不同厂家、不同生产年代而有所不同，但其基本组成相同，主要由传感器、微机控制单元、执行器、点火线圈等组成，如图 4-17 所示。

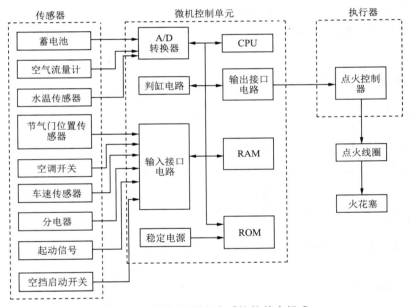

图 4-17 微机控制点火系统的基本组成

（2）微机控制点火系统的分类

微机控制点火系统按有无分电器，可分为有分电器的微机控制点火系统和无分电器的微机控制点火系统两大类，目前有分电器的微机控制点火系统逐渐被淘汰，而无分电器的微机控制点火系统应用广泛。微机控制点火系统按微机控制的方式不同，可分为开环控制和闭环控制两种。

（3）微机控制点火系统的控制过程

在微机控制点火系统中，点火控制包括点火提前角的控制、通电时间的控制和爆震控制3 个方面，基本控制过程如下。

① 发动机运行，ECU 不断地采集发动机转速、负荷、冷却水、进气温度等信号，并根据只读存储器（Read-Only Memory，ROM）中存储的有关程序与相关数据，确定该工况的最佳点火提前角，以此向点火器发出指令。

② 点火器模块根据 ECU 的指令，控制点火线圈初级回路的导通与截止。当初级回路导通时，有电流从点火线圈中的初级绕组通过，点火线圈此时将电流以磁场能的形式储存起来。当初级绕组中的电流被切断时，次级绕组感应生成高压电，经分电器送至各缸火花塞，产生电火花以点燃可燃混合气。

另外，在带爆震传感器的微机控制点火系统中，ECU 还可以根据爆震传感器的输入信号来判断发动机的爆燃程度，并将点火提前角控制在轻微爆燃范围内，使发动机获得较高的燃烧效率。

二、任务组织

1. 任务目的与要求

（1）能够进行点火系统的拆装。

（2）能够进行点火系统主要元器件的检测。

（3）核心技能：掌握点火系统易损件的检查和更换，霍尔信号发生器、点火控制器的检查方法。

2. 任务设备及工具

（1）实训轿车。

（2）常用拆装工具 1 套。

（3）万用表等检测工具。

3. 安全与环保教育

（1）拆卸前，对车辆进行必要的保护，避免刮、划面漆。

（2）拆卸点火系统元器件前，拔出汽车钥匙，切断汽车电源。

三、任务知识准备

1. 火花塞的检查与安装

火花塞可分为白金火花塞和普通火花塞两大类，白金火花塞一般在行驶里程为 8 万至 10 万千米时更换，而普通火花塞的寿命则要短很多，通常在行驶里程为 2 万至 3 万千米时即需更换。如果火花塞未到更换里程就出现电极烧损与磨损，原因可能是点火正时提前、火花塞松动、火花塞热值过高或火花塞冷却不充分等。

（1）火花塞的外观检查

检查火花塞电极脏污、磨损与烧蚀情况，以及瓷绝缘体上是否有裂纹，火花塞外观检查如图 4-18 所示。火花塞中心电极如图 4-19 所示，如果中心电极已磨圆，则应更换火花塞。

（2）检查火花塞电极间隙

火花塞电极间隙检查如图 4-20 所示，用塞尺检查火花塞电极间隙，其值应为 0.7～0.8 mm（桑塔纳）。如不符合要求，可扳动侧电极进行调整，或予以更换。

（3）安装火花塞

将少量密封胶涂抹在火花塞的螺纹部分，并用手将火花塞拧入火花塞孔，然后将其以 18 N·m 的拧紧力矩拧紧。

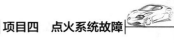

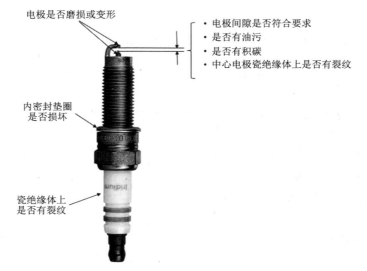

电极是否磨损或变形

- 电极间隙是否符合要求
- 是否有油污
- 是否有积碳
- 中心电极瓷绝缘体上是否有裂纹

内密封垫圈是否损坏

瓷绝缘体上是否有裂纹

图 4-18　火花塞外观检查

磨圆

图 4-19　火花塞中心电极

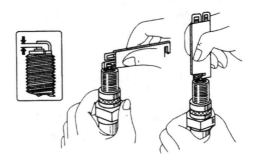

图 4-20　火花塞电极间隙检查

2. 高压线的检查与安装

（1）分高压线检查

拉下橡皮套，小心地拆下分高压线。注意：切勿弯曲分高压线，否则可能会将导线内部折断。检查分高压线外观有无锈蚀、弯曲（两端头）和破裂现象，并视情况决定是否需予以更换。图 4-21 所示为用万用表欧姆挡检测分高压线的电阻值，电阻值应不大于 7.4 kΩ，否则应予以更换。

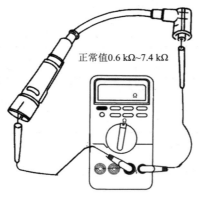

正常值0.6 kΩ~7.4 kΩ

图 4-21　用万用表欧姆挡检测分高压线的电阻值

（2）主高压线检查

检查方法同分高压线检查，如图 4-22 所示，用万用表欧姆挡检测主高压线的电阻值。电阻值应不大于 2.8 Ω，否则应予以更换。

3. 点火线圈的检查

电子点火系统的点火线圈为高能点火线圈，一次绕组的电阻一般较小，检查时可参考维修手册。

（1）初级绕组电阻值的检查

初级绕组的短路、断路、搭铁和过热都会引起点火系统不能正常工作。初级绕组电阻用万用表欧姆挡测量，检查方法如图 4-23（a）所示。

若万用表指示阻值为∞，则说明初级绕组断路；若阻值小于标准值，则说明匝间有短路；若阻值为 1.2～1.7 Ω 则正常。

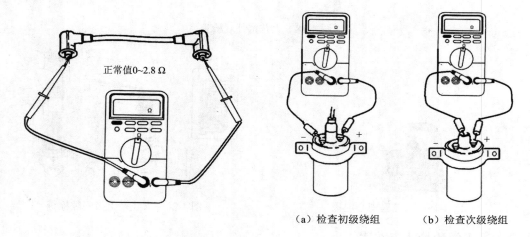

（a）检查初级绕组　　（b）检查次级绕组

图 4-22　用万用表欧姆挡检测主高压线的电阻值　　　　　图 4-23　点火绕组的检查

（2）次级绕组电阻值的检查

检查次级绕组如图 4-23（b）所示，用万用表欧姆挡测量次级绕组。若万用表指示阻值为∞，则说明初级绕组断路；若阻值小于标准值或为 0，则说明匝间有短路；其正常阻值为 8～16 kΩ（有触点式点火线圈）或 2.4～3.5 kΩ。

各车型的点火线圈初、次级绕组电阻参数如表 4-1 所示。

表 4-1　点火线圈初、次级绕组电阻参数

电阻	车型			
	解放 CA1090	桑塔纳有触点	桑塔纳无触点	切诺基
初级绕组电阻/Ω	1.4～1.5	1.7～2.1	0.52～0.76	1.13～1.23
次级绕组电阻/kΩ	6	7～12	2.4～3.5	7.7～9.3

（3）点火线圈绝缘电阻的检查

用数字万用表 20 M 挡测量，点火线圈任一端与外壳间的电阻均应为∞，否则说明存在漏电故障，应予以更换。

4．霍尔信号发生器的检查

桑塔纳点火实验装置。

图 4-24 所示为桑塔纳点火系统电路，也是桑塔纳点火实验装置接线图。点火控制器的接线为：1（绿色）接点火线圈"－"；2（棕色）接电源负极；3（棕白色）接霍尔信号发生器"－"；4（黑色）接点火线圈"＋"；5（红黑色）接霍尔信号发生器"＋"；6（绿白色）接霍尔信号发生器信号输出"S"。

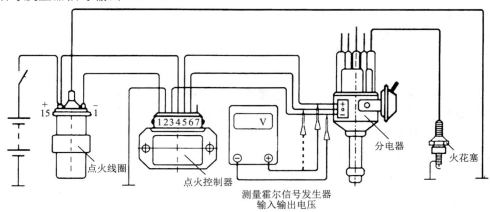

图 4-24　桑塔纳点火电路

霍尔式信号发生器就车检查方法如下。

（1）检查前准备

由于霍尔信号发生器的保护电路设在点火控制器电路中，因此不能直接向霍尔信号发生器施加电源电压进行单独检测。

霍尔信号发生器的状况可在汽车或实验台上通过测量其输入电压和输出电压进行判断。检测之前，先断开点火开关，再拆下分电器盖，拔出中央高压线并将其端头搭铁。

（2）检查传感器输入电压

将直流电压表的正极与霍尔信号发生器插座上"＋"端子的引线（红黑色导线）连接（可用大头针插入导线），将电压表的负极与其插座上"－"端子的引线（棕白色导线）连接；接通点火开关，无论触发叶轮的叶片是否进入霍尔信号发生器的空气隙，电压表显示的霍尔信号发生器的输入电压都应接近电源电压（当电源电压为 14.4 V 时，输入电压应为 13～13.5 V）。

（3）检查传感器输出电压

首先断开点火开关，然后将直流电压表的正极改接到霍尔信号发生器插座上输出端子"S"连接的引线（绿白色导线）上。接通点火开关，转动触发叶轮，当叶片进入霍尔信号发生器的空气隙时，电压表显示的信号电压应为 9.8 V；当叶片离开空气隙时，电压表显示的信号电压应为 0.1～0.5 V。

如测得的霍尔信号发生器输入电压和输出电压与上述值相符，说明霍尔信号发生器良好。否则说明霍尔信号发生器有故障，应予以更换。

5．点火控制器的检查

（1）点火线圈感应电压检查

按如图 4-24 所示检查，步骤如下。

① 先断开点火开关，然后拔下分电器壳体上的霍尔信号发生器线束插头。

② 将直流电压表正极接点火线圈"15"端子，负极接点火线圈"1"端子。

③ 接通点火开关，电压表读数应约为 6 V（初级线圈感应电压），此时点火控制器开关闭合，在 1～2 s 内电压降低到 0 V。如电压保持在 6 V 不降低或不能降到 0 V，说明点火控制器失效，应予以更换。

（2）点火控制器就车检查

接好桑塔纳点火电路（见图 4-24），检查步骤如下。

① 初级线圈两端阻值、点火控制器电源电压和霍尔信号发生器输入电压检查。

接通点火开关，用万用表测量"1"与"4"端子之间的电阻（初级线圈两端阻值）应为 0.52～0.76 Ω。

"4"与"2"端子之间的电压（点火控制器电源电压）应为 12 V。

"3"与"5"端子之间的电压（霍尔信号发生器输入电压）应为 11～12 V。

② 霍尔信号发生器输出电压检查。

慢慢转动分电器轴，测"3"与"6"端子之间的电压。

判断：若电压交替在 0.3～0.4 V 和 11～12 V 范围变化，则点火控制器检测良好；否则点火控制器有故障，应更换。

四、任务实施

1. 桑塔纳点火系统主要技术参数

对桑塔纳轿车点火系统各元器件进行检查，桑塔纳点火系统主要技术参数如表 4-2 所示。

表 4-2　桑塔纳点火系统主要技术参数

发动机型号	JV	
分电器配件号	027905205J	
点火次序	1→3→4→2	
点火正时	上止点前（6±1）°	
怠速转速	（850±50）r/min	
真空管	拔下	
闭合角	调整值	（47±3）°
	磨损极限	42~58°
离心调节装置	开始转速及角度	16000 r/min，4~8°
	终止转速及角度	45000 r/min，21~31°
真空调节装置	开始	16~20 kPa
	终止	30.7 kPa，14~16°
点火线圈	初级绕组电阻值	1.7~2.1 Ω
	次级绕组电阻值	7~12 kΩ
分火头电阻值	（5±1）kΩ	

续表

火花塞插头电阻值		无屏蔽为（1±0.4）kΩ；有屏蔽为（5±1）kΩ
防干扰接头电阻值		额定值：（1±0.4）kΩ
火花塞	型号	N8YC（CHAMPION）
		W7DC（BOSCH）
		T4196J（株洲）；F7T4（南瓷）
	火花塞间隙	0.7～0.8 mm
	火花塞拧紧力矩	20 N·m
高压线整体电阻值	中央高压线	额定值：0～2.8 kΩ
	分高压线	额定值：0.6～7.4 kΩ

2. 火花塞和高压线的检查与安装

（1）火花塞和高压线的检查

按照工艺要求对火花塞和高压线进行检查，将检查结果填入表 4-3 中，并给出技术结论。

表 4-3　火花塞和高压线检查记录

检查项目	检查内容	检测数据	分析	结论
火花塞检查	火花塞外观检查			
	火花塞电极检查			
	火花塞间隙检查			
高压线检查	主高压线电阻			
	分高压线电阻			
	分火头电阻			

（2）桑塔纳火花塞和高压线的拆卸和安装

按照工艺要求进行桑塔纳轿车火花塞和高压线的拆卸和安装，并将操作结果填入表 4-4 中。

表 4-4　火花塞、高压线的拆卸和安装操作记录

检查项目	检查内容	操作记录	检查	结论
拆卸操作	拆卸火花塞			
	拆卸分高压线			
	拆卸主高压线			
安装操作	安装火花塞			
	安装高压线			
	起动发动机			

3. 点火线圈的检查

对桑塔纳和桑塔纳 2000 的点火线圈进行检查，并将检查结果填入表 4-5 中。

表 4-5　桑塔纳和桑塔纳 2000 的点火线圈检查数据记录

项目	车型			
	桑塔纳	桑塔纳 2000	分析	结论
初级绕组电阻值/Ω				
次级绕组电阻值/kΩ				
附加电阻值/Ω				

4. 桑塔纳霍尔信号发生器检查

在桑塔纳全车线路实验台（或点火实验台）上对桑塔纳霍尔信号发生器进行就车检查，并将检查结果填入表 4-6 中。

表 4-6　桑塔纳霍尔信号发生器检查记录

检查项目	检测数据	分析	结论
检查前准备			
霍尔信号发生器输入电压			
霍尔信号发生器输出电压			

5. 桑塔纳点火控制器检查

在实车或实验台上对桑塔纳点火控制器进行就车检查，并将检查结果填入表 4-7 中。

表 4-7　桑塔纳点火控制器检查记录

检查项目	检测数据	分析	结论
检查前准备			
点火线圈感应电压检查			
初级线圈阻值			
点火控制器输入电压			
霍尔信号发生器输入电压			
霍尔信号发生器输出电压检查			

任务二　点火系统的故障诊断与排除

一、理论知识准备

点火系统的主要部件包括点火线圈、火花塞等。

1. 点火线圈的检修方法

在检修点火线圈时，首先用目测的方法判断有无绝缘损坏和外壳破裂，然后主要检测初级绕组和次级绕组有无短路、断路、搭铁等故障。通常可利用万用表测量电阻来进行判断。

（1）初级绕组的检测

用万用表测量点火线圈的两个低压接线柱（"15"端子和"1"端子）间的电阻，其阻值应符合技术标准，否则说明有故障，应予以更换。初级绕组阻值一般为 0.5～1.0 Ω（高能点火线圈）和 1.5～3.0 Ω（普通点火线圈），若电阻为∞，说明初级绕组断路；若电阻值过小，说明初级绕组短路。

（2）次级绕组的检测

同样可利用万用表测量电阻对次级绕组进行检测，具体操作方法如下：用万用表的一支表笔接点火线圈低压接线柱（"15"端子和"1"端子）中的一个，另一表笔接点火线圈的高压插孔。次级绕组阻值一般为 2.5～4.0 kΩ（高能点火线圈）和 6.0～8.0 kΩ（普通点火线圈）。若测得的电阻值为∞，说明次级绕组断路；若测得的电阻值过小，说明次级绕组短路。

2. 火花塞的检修方法

（1）清除火花塞积炭

火花塞积炭较多时，相当于在电极间隙处并联了一个电阻，称为泄漏电阻。泄漏电阻使得次级电压不易建立，甚至造成发动机断火。清除火花塞积炭时，不能使用钢丝等工具，以免损伤瓷绝缘体，应当使用火花塞专用清洗设备。

（2）火花塞间隙的调整

火花塞间隙一般为 0.6～0.8 mm，测量时应用钢丝式专用量规（不得使用普通量规），如图 4-25（a）所示。若火花塞间隙过小，则穿透电压下降，电火花强度变弱，当气缸新鲜混合气受废气冲淡的影响较大时，可能产生缺火现象。当火花塞间隙不符合规定数值时，可以使用专用工具弯曲侧电极进行调整，如图 4-25（b）所示。

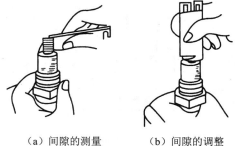

（a）间隙的测量　　　（b）间隙的调整

图 4-25　火花塞间隙的检修

二、任务组织

1. 任务目的与要求

（1）能够进行点火系统的拆装。

（2）能够进行点火系统故障现象分析。

（3）核心技能：能够对点火系统故障进行排除。

2. 任务设备及工具

（1）实训轿车。

（2）常用拆装工具 1 套。

（3）万用表等检测工具。

3. 安全与环保教育

（1）拆卸前，对车辆进行必要的保护，避免刮、划面漆。

（2）拆卸点火系统元器件前，拔出汽车钥匙，切断汽车电源。

三、任务知识准备

无分电器点火系统故障诊断。

无分电器点火系统由于高压配电方式和有分电器微机控制点火系统的不同，个别气缸工作不良（或不工作）故障的原因和诊断方法相应地也存在一些差异。如果只是为了判断个别气缸工作是否正常，可以人为停止该缸喷油，根据该缸停止喷油前后发动机的转速变化来进行判断。但是要具体确定个别气缸不工作的故障原因，还需要用高压线对缸体试火的方法仔细检查。如果是火花塞缺火导致的个别气缸工作不良，主要原因除了火花塞、高压线的故障外，还可能是相应的点火信号控制电路连接不良或点火线圈、点火控制器、计算机控制单元等的相应部分发生故障，可以根据分缸高压线的跳火情况来进行检查。

微机控制点火系统故障诊断流程如图 4-26 所示。

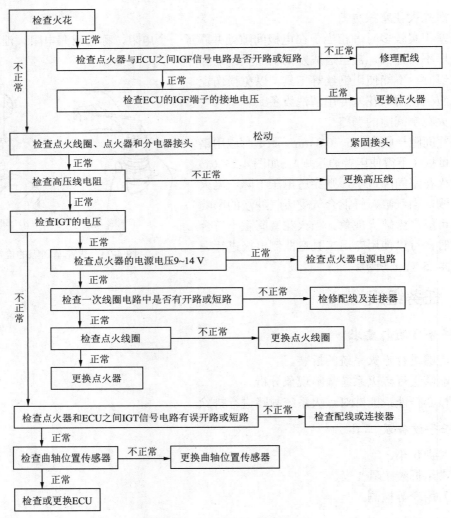

图 4-26 点火系统故障诊断流程

除了用常规方法检查点火系统故障，还可以使用解码器、发动机故障诊断仪等专用设备来确定点火系统的故障，本任务不涉及这些专用设备的使用。

四、任务实施

捷达点火系统故障诊断。

一辆捷达轿车行驶里程约 30000 km，出现发动机怠速不稳，加速时排气管冒黑烟的情况，每行驶 100 km 油耗超过 20 L，试进行故障诊断和排除。图 4-27 所示为捷达点火线路图。

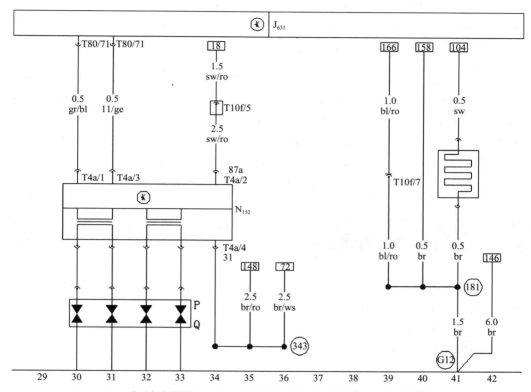

J_{631}—Simos 发动机控制单元；181—接地连接（用于空调部件），在发动机线束内；

343—发动机线束内的接地连接（点火线圈）；G12—接地点，在左前纵梁上；

N_{152}—点火变压器；P—火花塞插头；T10f—10 芯插头连接；

Q—火花塞；T4a—4 芯黑色插头连接；T80—80 芯黑色插头连接

图 4-27 捷达点火线路图

验证故障现象，制订检修计划并实施，把检修记录填入表 4-8 中。

表 4-8 捷达点火系统故障检修记录

检修内容	检查数据与结果	故障分析	结论
起动发动机验证故障			
检查火花			
检查点火线圈			
检查高压线			

续表

检修内容	检查数据与结果	故障分析	结论
检查火花塞			
检查感应电压			
检查信号发生器			
更换损坏元件			
起动发动机检查			

小结

　　汽车的点火系统由蓄电池、点火开关、点火线圈和火花塞等组成。蓄电池负责为点火系统供电，点火开关控制点火系统电路的通断。点火线圈将蓄电池 12 V 的低压电转变为高压电，使火花塞在气缸内产生电火花，点燃燃烧室内的可燃混合气，使发动机正常工作。

　　在本项目中，通过对汽车点火系统的学习，读者可掌握点火系统的组成、工作原理；通过点火系统元件的检查、汽车点火系统的故障与维修，读者可认识和了解汽车点火系统，并具备点火系统拆装、零部件更换，以及基本故障诊断与排除的能力。

习　　题

1. 简述汽车点火系统的工作原理。
2. 简述火花塞的结构和热特性。
3. 简述火花塞的检修方法。
4. 简述点火线圈的检修方法。

项目五
汽车照明与信号系统

【项目引入】

本项目通过对汽车照明与信号系统的介绍，使读者掌握照明及信号系统的组成及功用、照明系统控制电路的组成及工作原理等理论知识。同时，通过对汽车照明与信号系统控制电路的故障诊断、检测、拆装与排除过程的实施，读者可具备对汽车照明与信号系统常见故障分析、诊断与排除的能力。

【学习目标】

1. 熟悉照明与信号系统的基本组成与功用。

2. 了解照明与信号系统的结构特点与工作原理。

3. 掌握照明与信号系统电路的分析方法。

4. 掌握汽车前照灯的检查、调整、选用和更换方法。

5. 掌握照明与信号系统工作异常等常见故障的诊断、排除与电路检修方法。

任务一　照明系统的故障诊断与排除

一、理论知识准备

微课

照明系统的组成
与功用

汽车照明系统主要用于夜间、雨雾天及需要灯光照明的行驶情景，用于实现夜间道路照明、标示车宽度、车内照明、仪表照明、指示行驶方向和夜间检修等。在夜间如果照明系统突然出现故障将严重影响行车安全。

1. 照明系统的组成与功用

照明系统主要由照明灯、信号灯、发音装置、控制装置及连线等组成。

汽车上装备有各种照明设备和灯光信号装置，俗称灯系。灯系已成为汽车上不可缺少的一部分，其安装位置如图 5-1 所示。汽车灯具按功能可分为照明灯和信号灯两大类，按安装位置可分为外部灯具和内部灯具。

图 5-1　灯系的安装位置

（1）外部灯具

常见的外部灯具有前照灯、雾灯、牌照灯、倒车灯、刹车灯、转向灯、示位灯、示廓灯、驻车灯和警示灯等。外部灯具光色一般采用白色、橙黄色和红色；执行特殊任务的车辆，如消防车、警车、救护车、抢修车等，则采用具有优先通过权的红色、黄色或蓝色闪光警示灯。机动车应按时参加安全检测和综合检测，以确保外部灯具齐全、有效。

其中，前照灯、示宽灯及尾灯、倒车灯、转向灯、牌照灯、制动灯等都是强制安装使用的，其他灯光设备在一定条件下强制安装或选装。

（2）内部灯具

常见内部灯具有前顶、阅读灯、行李箱灯、门槛灯、点烟器、收放机照明灯、发动机罩下灯、仪表及开关照明灯、检修照明灯等，如图 5-2 所示。

图 5-2　常见内部灯具

（3）对汽车灯具的要求

照明设备与信号装置应安装可靠、完好、有效，不得因车辆振动而松脱、损坏、失去作用或改变光照方向；所有灯光的开关应安装牢固、开关自如，不得因车辆振动而自行开关，开关的位置应便于驾驶员操纵。

除前照灯的远光外，所有灯光均不得眩目。左、右两边布置的灯具光色、规格必须一致，安装位置对称。

前位灯、后位灯、示廓灯、牌照灯和仪表及开关照明灯应能同时启闭，当前照灯关闭或发动机熄火时仍能被点亮。

危险报警指示灯的操纵装置应不受点火开关和灯光总开关的控制。

转向灯在侧面可见则视为满足要求，否则应安装侧转向灯。

照明设备和信号装置的任一线路出现故障，不得干扰其他线路的工作。

前、后转向灯，危险报警闪光灯及制动灯在白天应距 100 m 可见；侧转向灯在白天应距 30 m 可见；前、后位灯和示廓灯在夜间良好天气应距 300 m 可见。

2. 前照灯

世界各国交通管理部门一般都以法律形式规定了汽车前照灯的照明标准，以确保夜间行车的安全，基本要求如下。

前照灯应保证车前有明亮而均匀的照明，使驾驶员能看清车前 100 m 以内路面上的任何障碍物。随着高速公路的建成及汽车行驶速度的提高，汽车前照灯的照明距离也相应增长，现在有些汽车的前照灯的照明距离为 200～250 m。前照灯应具有防眩目的装置，确保在夜间两车迎面相遇时，不使对方驾驶员因产生眩目而造成事故。

为了满足第一个要求，根据光路的可逆性原理，在前照灯的设计和制造上，可装置反射镜、配光镜和灯泡组成的光学系统。为了满足第二个要求，对前照灯的使用制定了必要的规章制度，同时还对灯泡结构进行了合理的设计。

（1）前照灯的结构

前照灯由反射镜、配光镜、灯泡 3 部分组成，如图 5-3 所示。

反射镜的作用是将灯泡的光线聚合并导向前方。前照灯灯泡发出的光度有限，如无反射镜只能照清汽车灯前 6 m 左右的路面。安装反射镜之后，使前照灯的照距可达 150 m 或更远。多反射镜式前照灯如图 5-4 所示。

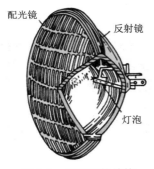

图 5-3　前照灯的结构

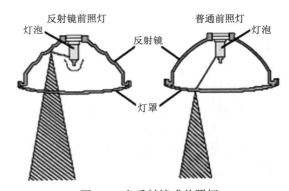

图 5-4　多反射镜式前照灯

配光镜又称散光玻璃，其作用是将反射镜反射出的平行光束进行折射，对车前路面有良好而均匀的照明。配光镜由很多特殊的棱镜和透镜组合而成，其几何形状比较复杂，外形一般为圆形和矩形，如图 5-5 所示。

汽车前照灯灯泡的作用是产生光，如图 5-6 所示。灯泡的额定电压有 6 V、12 V 和 24 V 3 种。灯泡的灯丝由功率大的远光灯丝和功率较小的近光灯丝组成，由钨丝制作成螺旋状，以缩小灯丝的尺寸，有利于光束的聚合。

现在灯泡使用的卤族元素一般为碘或溴，称为碘钨灯泡或溴钨灯泡。卤族元素指碘、溴、氯、氟等元素，我国目前生产的主要是溴钨灯泡。卤钨灯泡利用的卤钨再生循环反应的基本原理是：从灯丝蒸发出来的气态钨与卤族元素反应生成一种挥发性卤化钨，它扩散到灯丝附近的高温区后又受热分解，使钨重新回到灯丝上，被释放出来的卤族元素继续扩散并参与下一次循环反应，如此周而复始地循环下去，从而防止钨的蒸发和灯泡的发黑现象出现。普通灯泡与卤钨灯泡的结构，如图 5-7 所示。

配光屏是在近光灯丝下加装的遮光镜或遮光罩。当接通近光灯丝时，配光屏将近光灯丝下部的光线完全遮住，消除了向上反射光线。装有配光屏的双丝灯泡如图 5-8 所示。

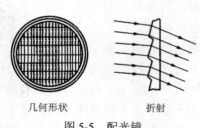

几何形状　　　　折射

图 5-5　配光镜

卤素灯　　白炽灯

图 5-6　前照灯灯泡

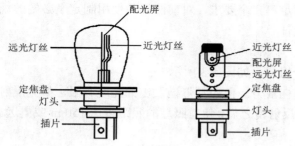

图 5-7　普通灯泡与卤钨灯泡的结构

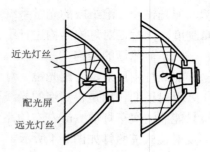

图 5-8　装有配光屏的双丝灯泡

（2）前照灯的防眩目措施

眩目是指人的眼睛突然被强光照射时，由于视神经受到刺激从而失去对眼睛的控制，并本能地闭合眼睛，或只能看清亮处物体而看不见暗处物体。眩目会造成严重的交通事故，必须采取有效的措施来预防。前照灯的防眩目措施主要有交通法规强制约束、采用双丝灯泡防眩目方式以及采用配光屏的灯泡防眩目方式。

为满足前照灯更亮、更远、更美观的要求，许多轿车上采用了投射式前照灯、高亮度弧光灯等新型前照灯。

3. 照明系统控制电路

汽车照明系统包括前照灯、雾灯、仪表及开关照明灯、顶灯、牌照灯、工作灯等，照明电源并联，一般采用单线制。每路有各自的熔断丝，应按要求装用合适的熔断丝。对于用电量较大的前照灯等，还应增设灯光继电器以保护开关不被烧坏。

微课

照明系统控制
电路

汽车前照灯随车型不同，其控制方式有所不同。当前照灯的功率较小时，前照灯的电流直接受灯光总开关控制。当前照灯的数量多、功率大时，为减少开关热负荷、减少线路压降，采用继电器控制，同时增加分路保险器的个数。

常用的照明系统控制电路，有前照灯控制火线式线路和继电器控制搭铁线式线路两种基本类型。

前照灯控制火线式线路，如图 5-9 所示。前照灯控制火线式线路的控制过程：当前照灯开关闭合、远光开关闭合时，前照灯继电器的线圈通电，触点闭合；闪光继电器的线圈通电，触点下端闭合。电流：蓄电池（＋）→熔断器→前照灯继电器触点→闪光继电器下端→远、近光灯的远光灯→搭铁→蓄电池（－）。由于前照灯开关闭合，远光指示灯亮。

当前照灯开关合上、远光开关断开时，前照灯继电器的线圈通电，触点闭合；闪光继电器的线圈失电，触点上端闭合。电流：蓄电池（＋）→熔断器→前照灯继电器触点→闪光继电器上端→远、近光灯的近光灯→搭铁→蓄电池（－）。由于远光断开，远光指示灯不亮。

继电器控制搭铁线式线路如图 5-10 所示。继电器控制搭铁线式线路的控制过程：当前照灯开关合上时，前照灯继电器的线圈通电，触点闭合；闪光继电器的线圈通电，触点下端闭合。电流：蓄电池（＋）→前照灯继电器→远、近光灯的远光灯→远光指示灯→搭铁→蓄电池（－）。远光指示灯串联在电路中，远光指示灯亮。

当前照灯开关断开时，前照灯继电器的线圈断电，触点断开；闪光继电器的线圈失电，触点断开。远、近光灯和远光指示灯不亮。前照灯开关需接通近光灯电路，近光灯才能亮。

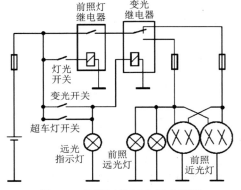

图 5-9　前照灯控制火线式线路

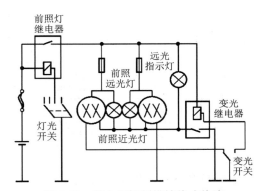

图 5-10　继电器控制搭铁线式线路

二、任务组织

1. 任务目的与要求

（1）学会正确操作轿车的各种灯光。

（2）能够正确进行照明系统的拆卸、安装与检测。

（3）能够进行照明系统的故障诊断。

（4）核心技能：掌握汽车电器故障诊断的基本方法。

2. 任务设备及工具

（1）实训用捷达汽车。

（2）捷达全车线路实验台和照明系统配件。

（3）万用表和电工工具。

3. 安全与环保教育

（1）拆卸前，将灯具表面擦拭干净，检查灯具外观是否存在破损。

（2）操作时，注意灯具周围汽车表面的防护，以免灯具周边面漆受损。

（3）检查中央配线盒时应轻拿轻放，防止线路短路和插头损坏。

三、任务知识准备

汽车电器出现故障时，一般要先从故障现象入手，弄清楚故障的症状及伴随出现的现象，以判明故障的性质，如灯光故障、喇叭故障、仪表故障及电控系统故障等。然后有针对性地进行就车检查，根据就车检查结果判定故障原因或确定故障性质和范围，然后再予以排除。故障诊断流程如图 5-11 所示。

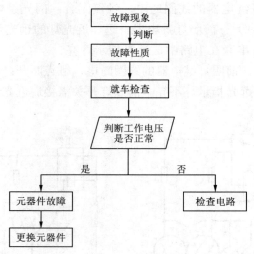

图 5-11　故障诊断流程

如前照灯不亮，先验证故障现象，确定就车检查元件前照灯，然后对前照灯进行就车检查。当检查数据正常（如前照灯工作电压为 12 V），则为前照灯灯泡（元器件）故障，应更换元器件；如果检查数据不正常（如前照灯电压为 0 V），则为线路故障或线路中其他元器件故障（如保险、继电器、灯光开关等），应进行线路检查。

检查线路时应首先检查保险和继电器，如不能排除，则必须在中央配线盒和线路上检查该线路各点电位是否正常，判断是在何处出现的断路、短路或接触不良等故障，然后再进行故障排除。不可主观臆断和凭经验处理，不可盲目拆卸开关、插头等。

当出现多个系统故障时，如同时出现所有转向灯不亮、仪表不工作和发动机不能起动。可以按照单一故障的方法来处理，从易到难一一进行解决。

电路故障的产生原因是多种多样的，如元件老化、自然磨损、调整不当、环境腐蚀、机械摩擦、导线短路或断路等。电路出现故障时，要针对故障现象来确定故障的性质，按照检修程序进行检查，当检查数据与标准值不符时，通过分析来确定故障部位，切忌在情况不明的时候，不经过检查、不加思考分析而盲目拆卸、乱接瞎碰。否则不仅会延误检修，还会造成不必要的损坏。因此在进行实车电器故障诊断与检修时，学生应先制订检修计划，然后再进行维修作业。

汽车电器就车检查是指在电器工作状态下，对电器元件的工作情况进行检查。传统方法是用试灯进行检查，现代轿车一般禁用试灯检查，而用数字万用表检查用电设备和线路的电压、电流、电阻等。

1．前照灯故障诊断与检修

（1）捷达前照灯工作情况

捷达前照灯开关通过开关内部的触点给车身控制模块传递不同的挡位信号，捷达前照灯的电路图如图 5-12 所示。前照灯开关 E_1 是由 4 个开关组成的联动开关，每个独立开关有 4 个触点，分别对应关闭挡、自动挡、小灯挡、近光挡。

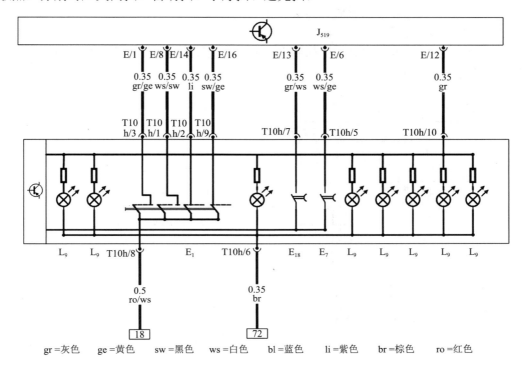

E_1—前照灯开关；E_7—前雾灯；E_{18}—后雾灯；L_9—前照灯开关照明；J_{519}—车载电网控制单元

图 5-12　捷达前照灯的电路图

当前照灯开关处于关闭挡时，前照灯开关的 T10h/8 和 T10h/9 会通过开关内部的触点相接通，车身控制模块的 E/16 针脚上会检测到 12 V 电压。所以，当车身控制模块的 E/16 针脚上检测到 12 V 电压时，前照灯开关处于关闭挡。

当前照灯开关处于自动挡时，前照灯开关的 T10h/8 和 T10h/2 会通过开关内部的触点相接通，车身控制模块的 E/14 针脚上会检测到 12 V 电压。所以，当车身控制模块的 E/14 针脚上检测到 12 V 电压时，前照灯开关处于自动挡。此外，当前照灯开关处于自动挡时，前照灯开关的 T10h/8 上的前照灯开关背景指示灯会被点亮。

当前照灯开关处于小灯挡时，前照灯开关的 T10h/8 和 T10h/3 会通过开关内部的触点相接通，车身控制模块的 E/1 针脚上会检测到 12 V 电压。所以，当车身控制模块的 E/1 针脚上检测到 12 V 电压时，前照灯开关处于小灯挡。

当前照灯开关处于近光挡时，前照灯开关的 T10h/1 和 T10h/3 会通过开关内部的触点和 T10h/8 相接通，车身控制模块的 E/1、E/8 针脚上会检测到 12 V 电压。所以，当车身控制模块的 E/1、E/8 两个针脚上同时检测到 12 V 电压时，前照灯开关处于近光挡。

（2）捷达前照灯故障诊断

捷达左、右前照灯的近光、远光灯分别由各自的熔断器保护。这种各自使用熔断器的结构便于检查与排除故障。

前照灯在使用中常见的故障有：当前照灯开关处于近光挡时，拨动组合开关，远、近光灯都不工作；或者远光灯与近光灯只有左边（或右边）灯亮，另一边不亮；或两边远、近光灯工作正常，但在变光时，仪表板上的指示灯不亮。

① 前照灯不工作故障

当前照灯开关处于近光挡时，拨动变光开关，远光灯和近光灯都不工作。前照灯不亮故障诊断流程如图 5-13 所示。

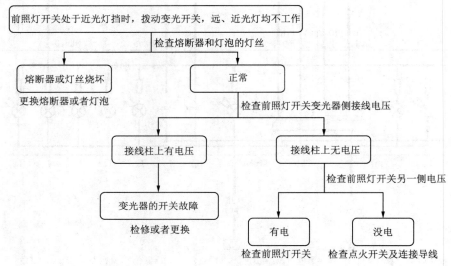

图 5-13　前照灯不亮故障诊断流程

② 前照灯远、近光灯不全故障

故障现象：前照灯远、近光灯不全故障表现为前照灯开关处于小灯挡位置时，用变光开关变换远、近光灯，只有远光灯或只有近光灯亮。

故障诊断与排除：这种故障出在变光开关→熔断器→灯丝的线路中。可先检查熔断器是否熔断。如熔断，更换新熔断器。更换后如灯仍不亮，可直接在变光开关上连接电源接线柱与不亮的远光灯或近光灯接线柱。如灯亮，则是变光开关损坏，更换变光开关；若灯不亮，则说明故障在变光开关以后的线路中。可用电源短接法，直接在灯插头上给远、近光灯供电，若灯亮，则表明导线断路或插头接触不良；若灯仍不亮，则说明灯泡已损坏。

③ 左、右前照灯的亮度不同故障

故障现象：前照灯开关接通后，不论是远光灯还是近光灯，总有一侧灯较暗。

故障诊断与排除：首先检查左、右两侧灯泡的功率是否相同，可采用互换左、右灯泡的办法进行判断。在灯泡的功率相同的情况下，用一根导线，一端接车身，另一端和灯光暗淡的灯泡搭铁接线柱相连，如正常，即表明该灯搭铁不良；若灯泡单丝发光微弱，常为连接该灯泡灯丝的插头松动或锈蚀使接触电阻过大所致。

灯泡搭铁不良时，灯光暗淡的灯泡的两根灯丝不论接通远光灯还是近光灯，都发出微弱灯光。若发现灯泡亮度正常，就不是灯泡搭铁不良故障，一般是前照灯反射镜有灰尘或被氧化，可通过消除灰尘（用压缩空气吹净）或更换反射镜来排除故障。

④ 前照灯灯泡更换

一个前照灯不亮，另一个的所有功能均正常，可以初步判定为前一个前照灯灯泡损坏。

当需要更换前照灯灯泡时，首先要切断电源开关，不要用裸手接触灯泡的玻璃部分；然后拧下前照灯灯罩下端的螺栓，从侧面拉出饰条，拔出前照灯插座，拧下 4 个角的固定螺钉，从背面把有关的塑料锁扣转到水平位置；拧下前照灯上端的调整螺栓，就可以将前照灯和雾灯连同灯架一起卸下。更换前照灯灯泡后，再以上述相反顺序装回前照灯和雾灯。

2. 雾灯故障诊断与检修

（1）捷达雾灯线路分析

雾灯开关 E_7、E_{18} 是由 3 个开关组成的联动开关，每个独立开关有 3 个触点，分别对应关闭挡、前雾灯挡、后雾灯挡，电路图如图 5-12 所示。

当前照灯开关处于前雾灯挡时，前照灯开关的 T10h/8 和 T10h/5 会通过开关内部的触点相接通，车身控制模块的 E/6 针脚上会检测到 12 V 电压。所以，当车身控制模块的 E/6 针脚上检测到 12 V 电压时，则代表驾驶员打开了前雾灯的开关。

当前照灯开关处于后雾灯挡时，雾灯开关的 T10h/5 和 T10h/7 会通过开关内部的触点和 T10h/8 相接通，车身控制模块的 E/6、E/13 针脚上会检测到 12 V 电压。所以，当车身控制模块的 E/6、E/13 针脚上同时检测到 12 V 电压时，则代表驾驶员打开了后雾灯的开关。

（2）捷达雾灯故障与排除

故障①：当前照灯开关在小灯挡或近光挡时，雾灯开关无论是在前雾灯挡或后雾灯挡，前、后雾灯均不亮。

故障诊断流程：首先检查前雾灯灯座处 T10h/7 导线及后雾灯灯座处 T10h/5 导线是否有电。如果有电，则应检查雾灯灯泡及灯座处 T10h/5 导线的搭铁情况；如果无电，则应检查熔断器是否良好，如熔断器良好，中间导线连接也良好，则应检查雾灯继电器、雾灯开关及前照灯开关。

故障②：当前照灯开关在小灯挡或近光挡，雾灯开关在前雾灯挡时，前雾灯正常；但当雾灯开关在后雾灯挡时，前雾灯正常，后雾灯不亮。

故障发生在后雾灯灯泡、熔断器或雾灯开关等，应予以检修或更换。

故障③：当前照灯开关在小灯挡或近光挡，雾灯开关在前雾灯挡时，前雾灯不亮；但当雾灯开关在后雾灯挡时，前雾灯仍不亮，后雾灯亮。

故障发生在前雾灯灯泡、熔断器、雾灯开关等，应予以检修或更换。用万用表测量中央配线盒各相关点电位，以判断发生故障的线路，再逐点测试该线路的电压，寻找出发生故障的部位，然后将其排除。

3. 前照灯、雾灯光束的调整

（1）前照灯、雾灯测试

更换新的前照灯或雾灯总成需要进行光束的调整，一般用幕墙进行调整即可。前照灯、雾灯光束如图 5-14 所示，在车辆装备齐全（包括所有常规装备，例如备胎、工具、千斤顶、灭火器等）、轮胎气压正常、后座坐一人或放 70 kg 行李、车辆停放在平坦场地、距屏幕或墙壁 10 m 的情况下，前照灯光束最低线 *a-a* 应在前照灯水平中心线 *H-H* 的下方 10 cm 处，雾灯光束的下部边线 *d-d* 应在前照灯水平中心线 *H-H* 的下方 20 cm 处。

（2）前照灯、雾灯调整

前照灯与雾灯的光束若达不到要求，可以对前照灯、雾灯进行调整。如图 5-15 所示，前照灯的水平光束，用光束水平方向的调整螺钉 A 进行调整，前照灯的垂直光束用光束垂直方向的调整螺钉 B 进行调整，雾灯的光束用雾灯调整螺钉 C 进行调整。

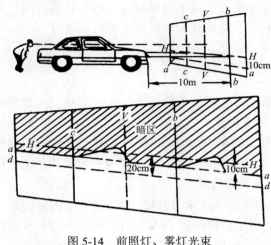

图 5-14　前照灯、雾灯光束

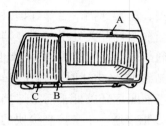

图 5-15　前照灯、雾灯调整

四、任务实施

1. 灯光系统的应用与操作

操作实训轿车的灯光系统，熟悉灯光系统的应用，检查灯光系统。将操作检查记录填入表 5-1 中。

表 5-1　灯光系统操作检查记录

序号	检验内容		灯光操作	灯光情况	结论
1	前照灯操作	远光灯			
		近光灯			
2	小灯、尾灯和驻车灯				
3	雾灯	前雾灯			
		后雾灯			

2. 捷达前照灯不亮故障诊断与检修

按照故障诊断流程，制订捷达前照灯不亮的检修计划。按照检修计划对故障车辆进行检修，将检查数据等填入表 5-2 中。

表 5-2 捷达前照灯不亮检修记录

序号	作业内容	检查数据	分析	结论
1	检查前照灯并记录其故障现象			
2	检查故障前照灯两端电压			
3	检查 4 个前照灯保险			
4	检查并更换故障前照灯灯泡			
5	检查中央配线盒及线路电位			
6	检查变光开关电位			
7	修复线路故障			
8	修复后检查			

3. 捷达雾灯不亮故障检修

按照故障诊断流程，制订捷达雾灯不亮检修计划。按照检修计划对故障车辆进行检修，将检查数据等填入表 5-3 中。

表 5-3 捷达雾灯不亮检修记录

序号	作业内容	检查数据	结论	备注
1	检查雾灯并记录其故障现象			
2	检查故障雾灯两端电压			就车检查
3	检查雾灯保险			
4	检查并更换故障雾灯灯泡			
5	检查中央配线盒及线路电位			查找故障点
6	检查雾灯开关电位			
7	修复线路故障			
8	修复后检查			

4. 捷达前照灯、雾灯调整

按照工艺要求对捷达前照灯、雾灯进行调整，将相关数据填入表 5-4 中。

表 5-4 捷达前照灯、雾灯调整记录

	屏幕距离	中心线 H 高度	a-a 距 H-H 高度	结论
调整前				
调整后				

任务二 信号系统的故障诊断与排除

信号系统的作用是向其他人或其他车辆发出警告和示意的信号。它主要包括转向信号灯、转向指示灯、闪光器、制动信号灯、倒车灯、喇叭、示廓灯、停车灯、尾灯、门控灯、危急报警信号灯与指示灯。

一、理论知识准备

1. 转向信号电路与闪光器

转向信号灯的作用是指示车辆的转弯趋向，以引起交通民警、行人或其他驾驶员的注意，提高车辆行驶安全性。当汽车的两个转向信号灯同时闪烁时，则表示车辆遇紧急情况，请求其他车辆避让。

转向指示灯的功用是向驾驶员指示转向方向和转向信号灯工作情况。转向指示灯安装在驾驶仪表盘上，每辆汽车安装 1~2 只，受转向灯开关和闪光器控制，与转向信号灯合称为转向灯。

转向信号电路主要由转向信号灯、闪光器、转向灯开关和转向指示灯组成。转向信号灯是通过灯泡的闪烁进行方向指示的。闪光器的作用是控制转向灯电路的通断，实现转向灯的闪烁。转向灯闪光频率规定为 1.5 Hz。目前使用的闪光器主要有电热丝式、电容式和电子式 3 种。由于电子式闪光器具有性能稳定、可靠性高、寿命长的特点，目前得到广泛应用。

（1）电热丝式闪光器

电热丝式闪光器利用镍铬合金制成的电热丝的热胀冷缩特性，接通或断开转向灯电路，从而实现转向信号灯及转向指示灯的闪烁。当电流通过电热丝时，电热丝就会受热伸长，从而使触点闭合；当切断电热丝中的电流时，电热丝就会冷却收缩，从而使触点断开。

图 5-16 所示为电热丝式闪光器的结构。该闪光器主要由活动触点、电热丝、固定触点、线圈、附加电阻丝、铁芯等组成。闪光器串联在电源与转向灯开关之间，有两个接线柱，分别接电源和转向灯开关。当转向灯开关处于断开状态时，活动触点在电热丝的拉力作用下处于断开状态，则转向灯不通电、转向灯不亮。

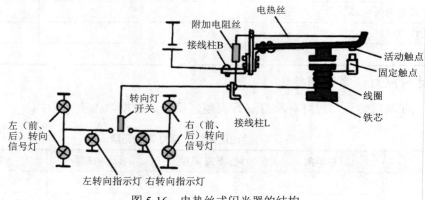

图 5-16　电热丝式闪光器的结构

当汽车转向时，拨动转向灯开关向右转向一侧，如转向灯开关接通左转向灯瞬间，触点处于断开状态，电流经蓄电池（+）→接线柱 B→附加电阻丝→电热丝→触点臂→调节片→接线柱 L→转向灯开关→左转向信号灯和左转向指示灯→搭铁→蓄电池（−）构成回路。由于附加电阻丝和电热丝串联在回路中，因此电路电流较小，故转向信号灯和转向指示灯不亮。

经短时间的通电，电热丝发热膨胀，触点闭合。触点闭合后，电流经蓄电池（+）→接线柱 B→调节片→触点臂→触点→线圈→接线柱 L→转向灯开关→左转向信号灯和左转向指示灯→搭铁→蓄电池（−）构成回路。此时，附加电阻丝和电热丝被短路，且线圈中产生的电磁吸力使触点闭合得更紧，电路中电阻小、电流大，转向信号灯和转向指示灯发出较强的光。

此时，由于无电流流经电热丝，从而使其冷却收缩，触点重新处于断开状态，附加电阻丝和电热丝重新串入电路，灯光变暗。如此反复工作，使转向信号灯和转向指示灯明暗交替，以示意行驶方向。

（2）电容式闪光器

电容式闪光器分为电流型电容式闪光器和电压型电容式闪光器。图 5-17 所示为电流型电容式闪光器，该闪光器的线圈与转向灯串联工作。

当接通电源开关时，电流通过触点经线圈 2 后向电容器充电。当转向灯开关接通转向信号灯时，电流通过串联线圈 1 流至转向信号灯及转向指示灯，由线圈 1 产生的电磁吸力，将触点断开，灯泡不亮。在触点断开后，电容器开始放电，线圈 1、2 的吸力继续使触点断开，直至放电电流基本消失。放电电流消失后，触点在本身弹力作用下恢复闭合状态，此时流过线圈 1 的负荷电流与流过线圈 2 的充电电流方向相反，电磁力互相抵消，触电继续闭合，灯泡继续发亮；当电容器接近充满电时，电流减小，两线圈产生的电磁力失去平衡，吸下触点，转向信号灯及转向指示灯灯泡熄灭。如此反复工作，转向信号灯及转向指示灯就会以一定的频率闪烁。

（3）电子式闪光器

电子式闪光器可分为触点式（带继电器）和无触点式（不带继电器）两种。图 5-18 所示为带继电器触点式晶体管闪光器。当接通电源开关 SW 和转向灯开关 K 后（转向灯开关接通右转向灯），电流经蓄电池"+"→电源开关 SW→接线柱 B→电阻 R_1→继电器的常闭触点→接线柱 S→转向灯开关 K→右转向信号灯及右转向指示灯→搭铁→蓄电池"-"构成回路，右转向信号灯及右转向指示灯发亮。

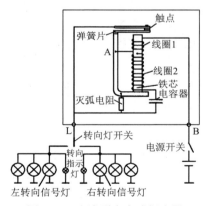

图 5-17 电流型电容式闪光器

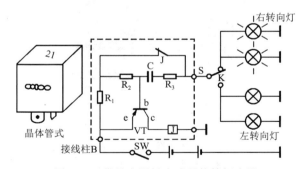

图 5-18 带继电器触点式晶体管闪光器

转向灯开关闭合后，加在三极管上的电压为正向电压，三极管 VT 导通，电流经三极管 VT 的集电极与发射极、继电器 J 的线圈搭铁。继电器 J 的线圈通电，其常闭触点由闭合状态变为断开状态，转向信号灯及转向指示灯熄灭。

与此同时，蓄电池经三极管 VT 的基极向电容器 C 充电。电流的流向为：蓄电池"+"→电源开关 SW→接线柱 B→三极管 VT 的发射极→电容器 C→电阻 R_3→接线柱 S→转向灯开关 S→转向信号灯及转向指示灯→搭铁→蓄电池"-"。电容器 C 充满电后，三极管 VT 的基极电位升高，则三极管 VT 截止，继电器 J 的线圈断电，继电器 J 的常闭触点又重新闭合，转向信号灯及转向指示灯重新发亮。

由上述过程可知，当继电器 J 的常闭触点闭合时，转向信号灯及转向指示灯发亮；当继电器 J 的常闭触点断开时，转向信号灯及转向指示灯熄灭。而继电器 J 常闭触点闭合与否取决于三极管 VT 的导通状态，电容器 C 的充放电使三极管 VT 反复导通和截止，由此使得触点时通时断，转向信号灯及转向指示灯闪烁发光。

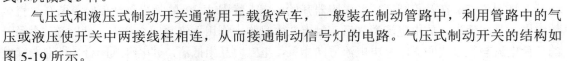

微课

制动信号灯与倒车灯

2. 制动信号灯与倒车灯

（1）制动信号灯

制动信号灯安装在车辆尾部，用来通知后面的车辆该车正在制动，以避免车辆追尾。制动信号灯由制动开关控制，制动开关的形式有气压式、液压式和机械式 3 种。

气压式和液压式制动开关通常用于载货汽车，一般装在制动管路中，利用管路中的气压或液压使开关中两接线柱相连，从而接通制动信号灯的电路。气压式制动开关的结构如图 5-19 所示。

机械式制动开关一般安装在制动踏板的下方。当踩下制动踏板时，机械式制动开关内的活动触点使两个接线柱接通，制动信号灯发亮；松开制动踏板后，制动信号灯电路断开，制动信号灯熄灭。

（2）倒车灯

倒车灯安装于车辆的尾部，用来给驾驶员提供额外照明，使其能够在夜间倒车时看清汽车的后部，同时也警告后面的车辆，该汽车驾驶员想要倒车或正在倒车。倒车信号装置如图 5-20 所示，主要由倒车开关、倒车灯、倒车蜂鸣器等部件组成。

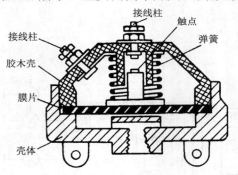

图 5-19　气压式制动开关的结构

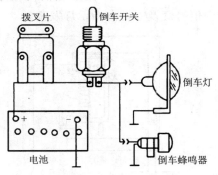

图 5-20　倒车信号装置

倒车信号装置的工作过程如下：当变速杆挂入倒挡时，在拨叉片的作用下，倒车开关闭合，倒车报警器和倒车灯电路接通，倒车灯发亮，同时倒车蜂鸣器发出声响。

二、任务组织

1. 任务目的与要求

（1）能够制订汽车信号系统故障的检修计划。

（2）能够进行汽车信号系统故障诊断。

（3）能够测量中央配线盒检查点电压，并判断故障线路的位置。

2. 任务设备及工具

（1）实训轿车（捷达轿车）。

（2）捷达全车线路实验台或灯光示教台。

（3）万用表、试灯、连接导线、常用工具。

（4）信号系统配件等。

3．安全与环保教育

（1）测试前，对车辆表面进行保护。

（2）操作时，注意汽车信号系统的使用方法，注意灯具的保护。

三、任务知识准备

1．转向信号灯故障诊断与排除

（1）转向信号灯工作情况

转向信号灯的工作原理。以左前转向灯、左侧转向灯为例进行分析。

图 5-21 所示为捷达前组合前照灯线路图，其中，M_5 为左前转向灯、M_{18} 为左侧转向灯，两灯一端为搭铁（121 线束、122 线束），另一端与车身控制模块 J_{519} 的 P6/2 针脚相连。当转向开关闭合后，便会在车身控制模块 J_{519} 的 P6/2 线上检测到 12 V 电压。

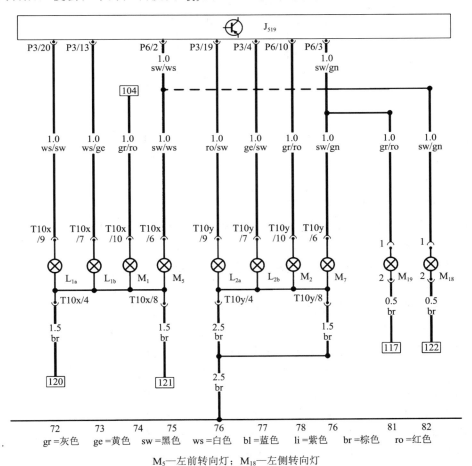

gr =灰色　　ge =黄色　　sw =黑色　　ws =白色　　bl =蓝色　　li =紫色　　br =棕色　　ro =红色

M_5—左前转向灯；M_{18}—左侧转向灯

图 5-21　捷达前组合前照灯线路图

捷达转向灯开关电路如图 5-22 所示。E₂ 为转向灯开关，下端线束直接搭铁。T7a/3 控制左侧转向灯，与 99 线束相连。T7a/7 控制右侧转向灯，与 114 线束相连。

当拨动转向灯开关至左侧时，通过开关 T7a/3 与组合仪表 J_{285}、车身控制模块 J_{519} 相连，则会在如图 5-21 所示的 P6/2 针脚的内部检测到 12 V 电压，左前、左侧转向灯开始闪烁。

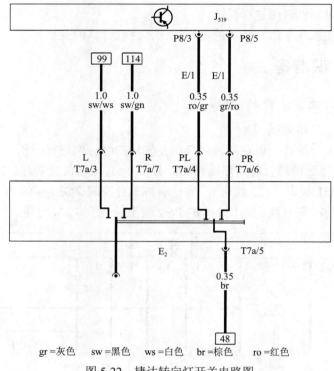

gr =灰色　sw =黑色　ws =白色　br =棕色　ro =红色

图 5-22　捷达转向灯开关电路图

（2）转向信号灯常见故障

① 转向信号灯不工作

转向信号灯不工作的故障表现为：打开点火开关（转向信号灯工作受点火开关控制时），接通转向信号灯开关，转向信号灯都不亮。

故障原因：熔断器熔断、电源线路断路或灯系中有短路处；闪光继电器损坏；转向信号灯开关损坏等。

故障诊断与排除：检查熔断器是否熔断。若熔断，一般是灯系中有搭铁故障。可在断路的熔断器两端串上一只试灯，再把转向信号灯开关的进线拆下，此时熔断器上串联的试灯发亮，则为熔断器至转向信号灯开关这一段中有搭铁故障，可用断路法在这一段线路中找出搭铁部位；若在转向信号灯开关的进线拆下后，试灯熄灭，则应接好拆下的导线并拨动转向信号灯开关，拨到哪一边试灯变暗说明此边正常，拨到哪一边试灯亮度不变则说明此边有搭铁故障。进一步找出搭铁部位，排除故障，可用万用表代替试灯，电位 12 V 等同于试灯亮。

若短接闪光器两接线柱，当接通转向信号灯开关时转向信号灯全不亮，而接通危险报警灯开关时转向信号灯全亮，则说明转向信号灯开关或转向信号灯开关到闪光器的接线有故障；如果接通危险报警灯开关时转向信号灯仍不亮，应按电路图重点检查线路故障。

② 转向信号灯闪光频率不正常

转向信号灯闪光频率不正常的故障表现为：转向信号灯工作时，左、右转向信号灯的闪光频率不一致或闪光频率都不正常。

故障原因：导线接触不良；灯泡功率选用不当或某一边有一只灯泡烧坏；闪光器故障。

故障诊断与排除：检查闪光器、转向信号灯开关接线柱上接线是否松动，灯泡功率是否与规定相符，左、右灯泡功率是否相同。若灯泡功率都符合规定，则应检查是否有一只灯泡烧坏。若左、右转向信号灯闪光频率都高于或低于规定值，一般为闪光器故障，应予以更换。

2. 倒车灯故障诊断与排除

（1）倒车灯工作情况

如图 5-23 所示，其中，M_{16}、M_{17} 分别为左倒车灯和右倒车灯，两灯一端为搭铁（65 号线），另一端与倒车开关 145 号线相连。图 5-24 所示为捷达倒车灯、制动信号灯开关线路图，倒车灯控制开关 F_4 与车身控制模块 J_{519} 的 P3/5 针脚相连，中间放置熔断器 S_{14}。

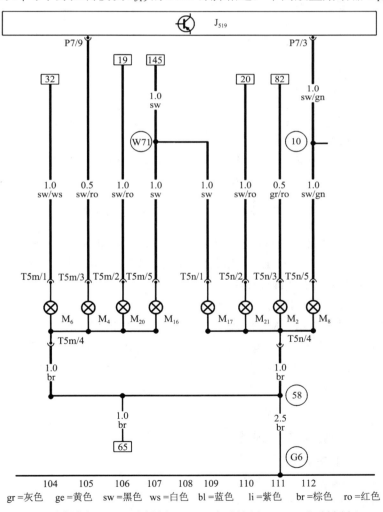

gr =灰色　　ge =黄色　　sw =黑色　　ws =白色　　bl =蓝色　　li =紫色　　br =棕色　　ro =红色

M_{16}—左倒车灯；M_{17}—右倒车灯；M_{20}—左后制动灯；M_{21}—右后制动灯

图 5-23　捷达倒车灯、制动信号灯线路图

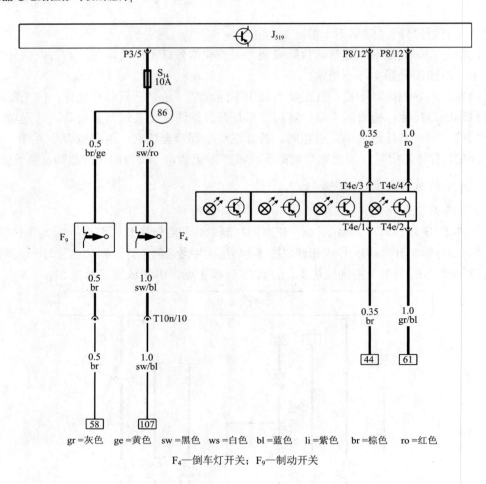

gr =灰色　　ge =黄色　　sw =黑色　　ws =白色　　bl =蓝色　　li =紫色　　br =棕色　　ro =红色

F_4—倒车灯开关；F_9—制动开关

图 5-24　捷达倒车灯、制动信号灯开关线路图

当倒车灯控制开关 F_4 闭合后，便会在车身控制模块 J_{519} 的 P3/5 线上检测到 12 V 电压，则如图 5-23 所示的 T5m/5、T5n/1 与 M_{16}、M_{17} 连通，M_{16}、M_{17} 倒车灯点亮。

（2）倒车信号系统故障诊断与排除

故障现象：倒车时倒车灯不亮。

故障原因：倒车灯（M_{16}、M_{17}）的灯泡损坏；倒车灯控制开关 F_4 损坏；线路有断路。

故障诊断与排除：首先检查保险 S_{14} 是否熔断。若熔断，找出故障原因并排除。若未熔断，可拔下倒车灯控制开关上所接的两根接线并连接在一起。若倒车灯亮，说明倒车灯控制开关损坏，应更换新开关；若倒车灯不亮，检查灯泡是否烧坏，搭铁是否良好。如有一只倒车灯不亮，则可能是该灯的灯泡损坏。

3. 制动信号灯故障诊断与排除

（1）制动信号灯工作情况

如图 5-23 所示，M_{20}、M_{21} 分别为左后制动灯、右后制动灯。当驾驶员踩下制动踏板时，如图 5-24 所示的制动开关 F_9 闭合，制动灯电路接通，制动灯（M_{20}、M_{21}）点亮；当抬起制动踏板时，制动开关 F_9 断开，制动灯电路切断，制动灯熄灭。

（2）制动信号系统故障诊断与排除

制动信号系统故障诊断与排除方法基本与倒车信号系统的相同。

四、任务实施

1. 捷达转向灯不亮故障诊断与排除

制订捷达转向灯不亮的检修计划并实施，将检修记录填入表5-5中。

表5-5 捷达转向灯不亮检修记录

序号	作业内容	检查数据	分析	结论
1	检查转向灯并记录故障现象			
2	检查转向灯两端电压			
3	检查转向灯保险			
4	检查闪光器			
5	检查转向灯灯泡			
6	检查中央配线盒及线路电位			
7	检查危险报警灯开关			
8	检查转向开关电位			
9	检查线路插头等			
10	修复后检查			

2. 捷达倒车灯不亮故障检修

制订捷达倒车灯不亮的检修计划并实施，将检修记录填入表5-6中。

表5-6 捷达倒车灯不亮检修记录

序号	作业内容	检查数据	分析	结论
1	检查倒车灯并记录故障现象			
2	检查故障倒车灯两端电压			
3	检查倒车灯保险			
4	检查并更换故障倒车灯灯泡			
5	检查中央配线盒及线路电位			
6	检查倒车灯开关电压			
7	修复后检查			

3. 捷达制动信号灯不亮故障检修

制订捷达制动信号灯不亮的检修计划并实施，将检修记录填入表5-7中。

表5-7 捷达制动信号灯不亮检修记录

序号	作业内容	检查数据	分析	结论
1	检查制动信号灯并记录故障现象			
2	检查制动信号灯保险			

续表

序号	作业内容	检查数据	分析	结论
3	检查制动信号灯两端电压			
4	检查制动信号灯灯泡			
5	检查中央配线盒及线路电位			
6	检查制动信号灯开关电压			
7	修复后检查			

小结

　　在本项目中，通过对汽车照明与信号系统的学习，读者可掌握汽车照明与信号系统的组成及功用、前照灯的结构及防眩目措施、照明系统控制电路的组成及工作原理等理论知识。同时，通过对汽车照明与信号系统控制电路的故障诊断、检测、拆装与维修过程的实施，读者可具备对汽车照明与信号系统常见故障的分析、诊断与排除能力。

习　　题

　　1．照明与信号系统由哪些部分组成，各起什么作用？

　　2．前照灯由哪些部分组成，各起什么作用？

　　3．在汽车上采取何种措施可防眩目？

　　4．闪光器有哪些类型，其工作原理是什么？

　　5．前照灯是如何维护与调整的？

项目六
汽车仪表与报警系统故障检修

【项目引入】

为了保证汽车驾驶员能够随时了解和观察汽车各系统的工作状况，保证汽车安全行驶，汽车上安装了许多仪表及报警装置。例如，汽车仪表系统可对汽车的发动机、底盘与燃油箱等的工作状况进行实时监控。如果汽车仪表系统突然出现故障，将严重影响行车安全。

本项目通过介绍汽车仪表与报警系统的组成、结构及电路原理，并根据汽车仪表与报警系统的电路特点，实施综合判断、合理检查与电路检修等过程，培养读者对故障综合诊断的能力。

【学习目标】

1. 熟悉汽车各种仪表与报警系统的结构和工作原理。

2. 掌握汽车仪表与报警系统的功用与组成。

3. 掌握汽车仪表与报警系统电路的特点与维护。

4. 掌握汽车仪表与报警系统电路常见故障的诊断与检测。

任务一　汽车仪表的检测与试验

一、理论知识准备

汽车仪表用来指示汽车运行及发动机运转的状况，以便驾驶员随时了解汽车各系统的工作情况，保证汽车能安全而可靠地行驶。常见的汽车仪表有电流表、电压表、机油压力表、冷却液温度表、燃油表、车速里程表和发动机转速表等。

微课

机油压力表

1. 机油压力表

机油压力表（又称油压表）用来检测和显示发动机主油道机油压力的大小和发动机润滑

系统的工作情况，以防汽车因缺少机油而造成拉缸、烧瓦等重大故障。它由装在仪表板上的油压指示表和装在发动机主油道中或粗滤器上的传感器两部分组成，两者用导线相连。

常用的机油压力表包括电热式机油压力表和电磁式机油压力表两种。

（1）电热式机油压力表

电热式机油压力表的结构如图 6-1 所示。传感器内有膜片，膜片的上部顶着弓形的弹簧片，弹簧片的一端与外壳固定搭铁，另一端焊接的触点与双金属片触点接触，双金属片上绕有加热线圈，加热线圈通过接触片与传感器接线柱连接，校正电阻与加热线圈并联。膜片下方的油腔与发动机主油道相通，机油压力可直接作用在膜片上。

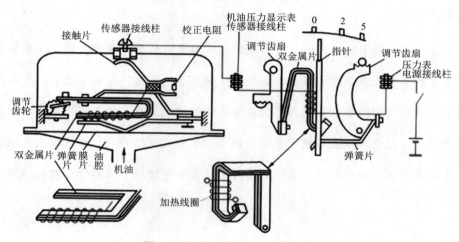

图 6-1　电热式机油压力表的结构

机油压力显示表内有特殊形状的双金属片，双金属片上绕有加热线圈，两线端分别与两接线柱连接，它一端固定在调节齿扇上，另一端与指针相连。

接通点火开关时，电流由蓄电池（+）→点火开关→电源接线柱→表内双金属片上的加热线圈→传感器接线柱→传感器内接触片→分两路（一路流经传感器内双金属片上的加热线圈，另一路流经校正电阻→双金属片）→传感器内双金属片的触点→弹簧片→搭铁→蓄电池（-）构成回路。由于电流流过表内和传感器内双金属片上的加热线圈，会使双金属片受热变形。

（2）电磁式机油压力表

电磁式机油压力表的结构如图 6-2 所示。

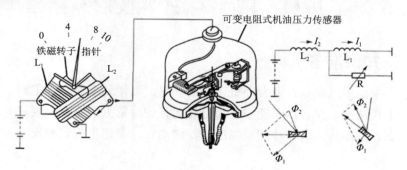

图 6-2　电磁式机油压力表的结构

当机油压力低时，传感器的电阻值大，线圈 L_1 中的电流小，线圈 L_2 中的电流大，铁磁转子带动指针随合成磁场的方向逆时针转动，指向低机油压力；当机油压力高时，传感器的电阻值小，线圈 L_1 中的电流大，线圈 L_2 中的电流小，铁磁转子带动指针随合成磁场的方向顺时针转动，指向高机油压力。

2. 冷却液温度表

微课
冷却液温度表

冷却液温度表用来显示发动机冷却水套中的冷却液温度。它由冷却液温度指示表和冷却液温度传感器两部分组成，冷却液温度指示表安装在组合仪表内，冷却液温度传感器安装在发动机汽缸盖的冷却水套上。

（1）电热式冷却液温度表

电热式冷却液温度表由电热式冷却液温度指示表配合热敏电阻式传感器组成，其结构如图 6-3 所示。热敏电阻式传感器的主要元件为负温度系数的热敏电阻，其特性是温度升高则电阻值减小。利用热敏电阻可以将冷却液温度的变化转换成电阻值的变化，从而控制显示电路中的电流大小，使电热式冷却液温度指示表的指针指出相应的温度值。

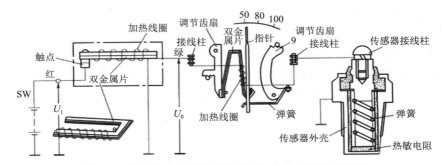

图 6-3　电热式冷却液温度指示表与热敏电阻式传感器

当点火开关置"ON"挡时，电流从蓄电池（+）→点火开关→温度表双金属片的加热线圈→传感器接线柱→热敏电阻→传感器外壳→搭铁→蓄电池（-）。

当发动机冷却液温度较低时，传感器的热敏电阻阻值大，电路中电流的平均值小，电热式冷却液温度指示表的双金属片弯曲变形小，指针指向低温。反之，当冷却液温度升高时，热敏电阻阻值小，电路中电流的平均值大，电热式冷却液温度指示表的双金属片弯曲变形大，指针指向高温。

由于电源电压变化会影响仪表读数的准确性，因此在这种电路中需配有电源稳压器。当电源电压发生变化时，保持输出电压平均值稳定。

（2）电磁式冷却液温度表

电磁式冷却液温度表由电磁式水温指示表配合热敏电阻式传感器组成，其结构如图 6-4 所示。当点火开关置于"ON"时，电磁式冷却液温度表的左、右两线圈通电，各形成一个磁场，同时作用于软铁转子，软铁转子便在合成磁场的作用下发生转动，使指针指在某一刻度上。

当电源电压不变时，通过左线圈的电流不变，因而它所形成的磁场强度是一个定值。而通过右线圈的电流取决于与它串联的传感器的热敏电阻阻值的变化。因热敏电阻为负温度系数，当水温较低时，热敏电阻阻值大，右线圈中电流变小，磁场减弱，合成磁场主要取决于左线圈，使指针指在低温处。当冷却液温度升高时，传感器的热敏电阻阻值减小，右线圈中电流增大，磁场增强，合成磁场偏移，软铁转子便带动指针转动指向高温。

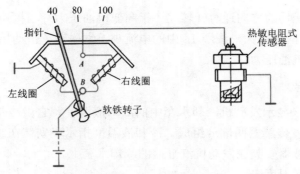

图 6-4　电磁式冷却液温度表的结构

3. 燃油表

燃油表用来指示汽车燃油箱内储存燃油量的多少，它由装在仪表板上的燃油指示表和装在燃油箱内的传感器两部分组成。燃油表的类型有电热式、电磁式和交叉线圈式等多种类型。

（1）电磁式燃油表

电磁式燃油表由电磁式指示表和可变电阻式传感器组成，如图 6-5 所示。电磁式指示表中有左、右两只铁芯，铁芯上分别绕有左、右两个线圈。中间置有转子，转子上连有指针。传感器由可变电阻器、滑片和浮子组成。浮子浮在油面上，随油面的高低而改变位置。

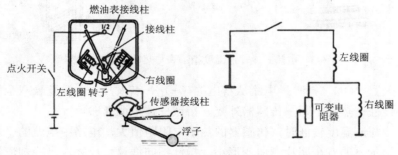

图 6-5　电磁式燃油表的结构

当点火开关置"ON"挡时，电流通过左、右线圈，左线圈和右线圈形成合成磁场，转子在合成磁场的作用下转动，使指针指在某一刻度上。

（2）交叉线圈式燃油表

交叉线圈式燃油表及传感器结构，如图 6-6 所示。指针与磁性转子相连，在磁性转子的外面按 4 个方向绕上线圈，相邻两线圈之间的夹角为 90°。当线圈有电流通过时，4 个线圈在 4 个方向上产生磁场，合成为某一方向的磁场，使磁性转子转动至一定的位置。当电流发生变化时，合成磁场的方向也发生变化，从而使磁性转子的转动位置发生变化，同时指示相应的燃油量值。为防因车辆振动而造成油表指针震颤，在磁性转子下面的空隙里填满了硅酮油用以减振。

这种交叉线圈式仪表与双金属片式仪表相比具有显示值精度高、指针偏转角较大、随动特性优良和无须稳压电路等特点。

当点火开关闭合时，电流方向为：蓄电池（+）→L_1→L_2→L_3→L_4→搭铁→蓄电池（-），构成回路，如图 6-7 所示；另外，还可由蓄电池（+）→L₁→L₂→燃油量传感器→搭铁→蓄电池（-），构成另一回路。而电压将随燃油量传感器输出电阻值的变化，即随燃油液面高度不同而发生变化，使流经 L_1、L_2 的电流 I_1 和流经 L_3、L_4 的电流 I_2 发生变化，从而使 4 个线圈在各自方向上引起的磁场强度发生变化，引起磁性转子旋转并带动指针摆动。

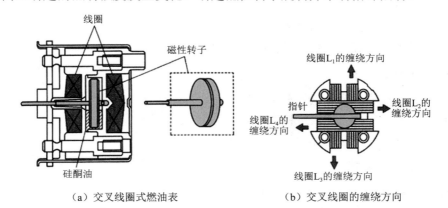

（a）交叉线圈式燃油表　　　　（b）交叉线圈的缠绕方向

图 6-6　交叉线圈式燃油表及传感器结构

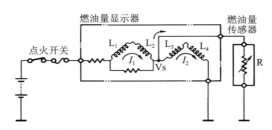

图 6-7　点火开关闭合时电流方向

4. 发动机转速表

发动机转速表用于指示发动机的运转速度，以便驾驶员检查、调整发动机，监视发动机的工作状况，更好地掌握换挡时机，利用经济车速，等等。

发动机转速表有机械式和电子式两种。机械式转速表的结构和工作原理与磁感应式车速表基本相同。电子式转速表由于其显示平稳、结构简单、安装方便等优点已被广泛使用。电子式转速表获取转速信号有 3 种方式，即取自点火系统、发动机的转速传感器和发电机。

磁感应式传感器的结构如图 6-8 所示。它由永久磁铁、感应线圈、心轴、外壳等组成。心轴外面绕有感应线圈，

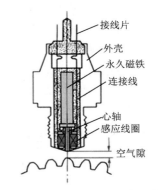

图 6-8　磁感应式传感器的结构

它的下端靠近飞轮处与飞轮齿顶间有较小的空气隙，为 1 ± 0.3 mm。永久磁铁的磁力线从 N 极出来，通过心轴、空气隙，回到 S 极构成回路。

当飞轮转动时，齿顶与齿底不断地通过心轴。空气隙的大小发生周期性变化，使穿过心轴的磁通随之发生周期性变化，于是在感应线圈中感应出交变电动势，该交变电动势的频率与心轴中磁通变化的频率成正比，与通过心轴端面的飞轮齿数成正比。

二、任务组织

1. 任务目的与要求

（1）加深理解汽车仪表的工作原理。
（2）掌握汽车仪表的检测与试验的方法及技能。
（3）核心技能：掌握汽车仪表及传感器的检测方法。

2. 任务设备及工具

（1）各种汽车仪表及组合仪表总成。
（2）电工工具、数字万用表等检查工具。
（3）稳压电源、可变电阻器。

3. 安全与环保教育

（1）维修作业前应先检查设备、工具和场地，熟悉操作规程。
（2）仔细检查试验线路，防止接错而造成元器件和实验设备损坏。

三、任务知识准备

1. 机油压力表的检测

（1）检测指示表与传感器的电阻值

用万用表检测指示表内的线圈和传感器的电阻值，其值应符合原制造厂的规范，否则应予以更换，并做好记录。

（2）油压表与传感器的校验

油压表与传感器的校验如图 6-9 所示，接通开关，摇转手柄以改变油压，当被测油压指示表的压力与标准油压表的压力对应相同时，则证明被测油压表与传感器工作正常，否则应予以调整或更换。

几种车型的油压表的技术规格如表 6-1 所示。

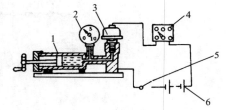

1—手摇油压机；2—标准油压表；

3—被测（标准）传感器；

4—被测油压指示表；5—开关；6—蓄电池

图 6-9 油压表与传感器的校验

表 6-1 油压表的技术规格

车型	指示表 电阻/Ω	传感器	
		压力/kPa	电阻/Ω
BJ213		0	1
		294	46
		530	87
三菱	50	0	0
		392	84
		585	110

（3）油压表与传感器的调整

电磁式、动圈式油压表可通过改变左、右线圈的轴向位置或夹角来调整，双金属片式油压表可通过拨动表中的调节齿轮来调整。

　　调整双金属片式油压传感器可在传感器之间串入电流表。若油压为 0，传感器输出电流可能过大或过小，拨动调节齿轮（见图 6-1）进行调整。若油压过高，输出电流较规定值偏低，应更换传感器的校正电阻（一般在 30～360 Ω 范围调整）。如在任何压力下，输出电流均超过规定值，且调节齿轮无效，则应更换传感器。

　　（4）油压指示表的检测

　　检测油压指示表时，将被测的油压指示表串联在如图 6-10 所示的油压指示表的检测电路。

　　接通开关，调整可变电阻器，当毫安表分别指在规定值时，被测油压指示表应指在相应的位置上，误差不应超出 20%。表 6-2 所示为双金属片油压表的检验规范。

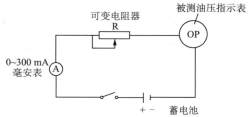

图 6-10　油压指示表的检测电路

表 6-2　双金属片油压表的检验规范

车型	指示表的读数/mPa	标准电流表的指示数/mA	电流指示数的允许偏差/mA
解放 CA10	0	65	±5
	0.2	175	±3
	0.5	240	±10
东风 140	0	30	±2.5
	0.3	62.5	±1.5
	0.7	90	±4

2. 冷却液温度表的检测

　　（1）水温表与传感器的测量

　　用万用表分别测量水温表线圈和传感器电阻值，均应符合原制造厂的规定，不符合标准的应予以维修或更换。

　　常见水温表线圈和传感器的电阻值如表 6-3 所示。

表 6-3　常见水温表线圈和传感器的电阻值

车型	水温表线圈电阻值/Ω	传感器	
		水温/°C	传感器电阻值/Ω
夏利 TJ7100	25	50	226
		115	26.4
BJ213		40	136.5
		105	93.5
		115	55.1
奥迪 100		50	253
		120	40
三菱 L300	25	C	104
		H	24

　　（2）水温指示表的检测与调整

　　对于双金属片式水温指示表，可将被测水温指示表串接在如图 6-11 所示的电路中。接通开关，调节可变电阻器，当毫安表指示 80 mA、160 mA、240 mA 时，水温指示表应相应地指在 100 ℃、80 ℃、40 ℃ 的位置上，其误差应符合表 6-4 的规定（不同型号的水温指示表有所差异）。若指示值与规定电流不符，应予以调整。若指针在"100 ℃"时不准，可拨动左调节齿轮进行调整。若指针在"40 ℃"时不准，可拨动右调节齿轮进行调整，使其与标准值相符，各中间点可不必校验。

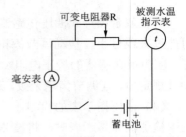

图 6-11　水温指示表的检测电路

表 6-4　水温指示表的允许误差数据

测量范围/℃	检测温度值/℃	允许误差/℃
40～120	100	±4
	80	±5
	40	±10

（3）水温指示表与传感器的校验

按图 6-12 所示装好被测传感器（检测传感器时）或者标准传感器（检测水温指示表时），并接好线路。接通电路，使加热容器内的水温分别为规定值，并在保持 3 min 不变的情况下观察标准温度表与水银温度计读数，相同则为良好，否则需要予以调整或者更换。

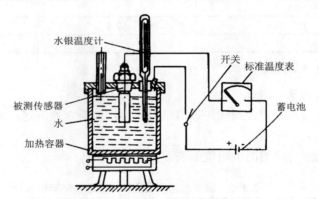

图 6-12　水温指示表与传感器的校验

3. 燃油表的检测

（1）燃油表与传感器的测量

用万用表分别测量燃油表线圈和传感器电阻值，均应符合原制造厂的规定，不符合标准的应予以维修或更换。

常见燃油表线圈和传感器电阻值如表 6-5 所示。

表 6-5　常见燃油表线圈和传感器电阻值

车型	燃油表线圈电阻值/Ω	传感器电阻（Ω）/传感器浮子中心离底面或水平面的距离（mm）		
		0/E（空）	1/2	1/F（满）
夏利 TJ7100	55	1～5/40	28.5～36.5/91	103～117/129
BJ213	55±5	1	44	88

续表

车型	燃油表线圈电阻值/Ω	传感器电阻（Ω）/传感器浮子中心离底面或水平面的距离（mm）		
		0/E（空）	1/2	1/F（满）
奥迪100	—	253	—	40
三菱L300	25	113.5～126.5	—	14.9～19.1
日产（蓝鸟）	—	80/205.5	37/121.1	10/30.6
丰田（皇冠）	102	110/136.3	32.5/40.5	3/47.7

（2）燃油表与传感器的检测与调整

先将被测指示表与标准传感器按图 6-13 所示接线。然后闭合开关 S，标准传感器的浮子杆与垂直轴线分别呈 31°和 89°时，被测指示表必须对应指在"0"和"1"的位置上，其误差不得超过±10%，否则应予以调整。

若电磁式、动磁式指示表不能指到"0"，可上下移动左铁芯的位置进行调整；若不能指到"1"，可上下移动右铁芯的位置进行调整，或更换表。

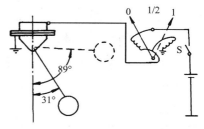

图 6-13　燃油表与传感器的检测

若双金属片式指示表不能指到"0"或"1"，可转动调节齿轮进行调整。若使用标准指示表检测传感器时超过误差值，可改变滑动接触片与电阻的相应位置进行调整，或更换传感器。

4. 发动机转速表检查

接着校验发动机转速表并起动发动机，将校验发动机转速表与被校验发动机转速表的指示值进行对比。在 13.5 V、25 ℃的情况下：标准值为 700 r/min 时，允许范围为 580～720 r/min；标准值为 3000 r/min 时，允许范围为 2800～3200 r/min；标准值为 5000 r/min 时，允许范围为 4800～5200 r/min；标准值为 6000 r/min 时，允许范围为 5750～6250 r/min。如果误差超过规定要求，则需更换转速表。

四、任务实施

1. 油压表的检测

（1）油压表传感器检测

按照工艺要求对油压表传感器进行检测与调整，将检测结果填入表 6-6 中，并参照表 6-1 所示的油压表的技术规格，给出检测结论。

表 6-6　油压表与传感器检测结果

类型	测量电阻值/Ω	校验偏差/%	检测结论
油压表型号（　　）			
油压表型号（　　）			
传感器型号（　　）			
传感器型号（　　）			

（2）油压指示表的检测

按照工艺要求对油压指示表进行检测，将检测结果填入表 6-7 中，并参照表 6-2 所示的双金属片油压表的检验规范，给出检测结论。

表 6-7　油压指示表的检测记录

类型	油压指示表的读数/MPa	标准电流表的指示数/mA	检测结论

2. 燃油表的检测

按照工艺要求对燃油表线圈和燃油传感器进行检测，将检测结果填入表 6-8 和表 6-9 中，并给出检测结论。

表 6-8　燃油表线圈和燃油传感器的电阻检测记录

燃油表线圈电阻/Ω	标准阻值/Ω	测量阻值/Ω	检测结论
燃油传感器位置	标准阻值/Ω	被测阻值/Ω	检测结论
0/E（空）			
1/2			
1/F（满）			

表 6-9　燃油表调整记录

类型	燃油表值（调整前）	燃油表值（调整后）	检测结论

3. 水温表的检测

按照工艺要求对水温表和水温传感器进行检测，将检测结果填入表 6-10 中，并给出检测结论。

表 6-10　水温表和水温传感器检测记录

水温表线圈电阻/Ω	标准阻值/Ω	测量阻值/Ω	检测结论
水温传感器状态	标准阻值/Ω	被测阻值/Ω	检测结论
温度1（_____ ℃）			
温度2（_____ ℃）			
温度3（_____ ℃）			

任务二　仪表和报警装置的故障诊断与排除

为了反映汽车系统的工作状况、引起相应车辆驾驶员与车外行人及车辆的注意，以保证行车安全、防止事故发生所设置的灯光或声音信号装置，称为报警装置。

报警信号系统通常由报警灯和报警开关组成，当被监测系统不正常时，报警开关自动接通，报警灯自动点亮，以引起驾驶员的注意。报警灯一般安装在驾驶室内仪表板上，在灯泡前装有滤光片，灯泡发出黄光或红光，滤光片上一般标有符号，以示报警项目。

微课

理论知识准备

一、理论知识准备

1. 燃油量报警装置

燃油量报警装置用于指示燃油剩余量不足，一般由负温度系数的热敏电阻和仪表板上的燃油量报警灯两部分组成，如图 6-14 所示。

当油箱燃油量较多时，热敏电阻完全浸泡在燃油中，由于其散热快、温度低、阻值大，燃油量报警灯电路中相当于串联了一个很大的电阻器，流过燃油量报警灯的电流很小，燃油量报警灯熄灭。当燃油量减少到热敏电阻露出油面时（规定值以下），热敏电阻温度升高、散热慢、电阻值减小，流过燃油量报警灯的电流增大，燃油量报警灯发亮。

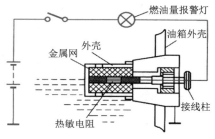

图 6-14　燃油量报警装置

2. 冷却液温度报警装置

常见的冷却液温度报警装置由双金属片式温度传感器和仪表板上的冷却液温度报警灯两部分组成，如图 6-15 所示。

当发动机冷却液的温度达到或超过极限温度时，传感器内双金属片受热温度高，变形程度大，使其内部触点闭合，冷却液温度报警灯中有电流通过，冷却液温度报警灯发亮，提醒驾驶员及时停车检查。当发动机冷却液的温度正常时，传感器内双金属片受热温度较低，变形程度小，使其内部触点断开，报警灯中无电流通过而熄灭。

3. 机油压力报警装置

机油压力报警装置用于提醒驾驶员注意润滑系统中的机油压力已降低到允许的下限，让驾驶员迅速采取措施，以避免发动机的损毁，有弹簧管式和膜片式两种。弹簧管式机油压力报警装置由装在发动机主油道上的弹簧管式传感器和装在仪表板上的报警灯两部分组成。膜片式机油压力报警装置由膜片式机油压力报警灯传感器和报警灯组成。

膜片式机油压力报警灯传感器如图 6-16 所示。传感器的活动触点固定在膜片上，固定触点设置在传感器的壳体上。无油压或油压低于某一数值时，弹簧压合触点，接通电路，使报警灯发亮。当油压达到某一定值时，膜片上活动触点分开，报警灯熄灭。

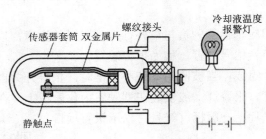

图 6-15　冷却液温度报警装置

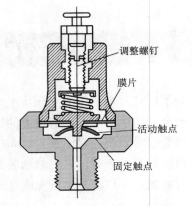

图 6-16　膜片式机油压力报警灯传感器

二、任务组织

1. 任务目的与要求

（1）能够正确使用轿车仪表。

（2）能够制订仪表系统故障诊断计划。

（3）核心能力：能够排除仪表系统故障。

2. 任务设备及工具

（1）实训轿车。

（2）汽车全车线路实验台或仪表实验台。

（3）电工工具、万用表。

3. 安全与环保教育

（1）正确操作和检查汽车仪表，以免造成车辆损坏。

（2）座椅加护套，保护汽车内饰不受损坏。

三、任务知识准备

1. 捷达仪表的故障诊断方法

现代轿车大多采用组合仪表，仪表的种类基本相同，如图 6-17 所示为捷达组合仪表外形。

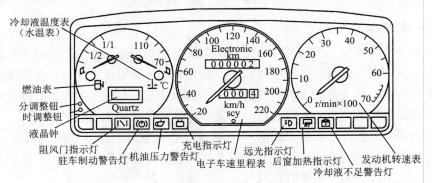

图 6-17　捷达组合仪表外形

捷达仪表线路复杂，故障种类较多，为了便于检查，推荐按照捷达仪表故障诊断流程进行检修，以提高检修效率，捷达仪表故障诊断流程如表 6-11 所示。

表 6-11　捷达仪表故障诊断流程

故障现象	故障原因	排除方法
发动机转速表工作不正常或停止工作	发动机转速表背面的黑色三孔插座接触不良	检查、修理
	仪表板上的印制电路板断路或连接导线断路	修理或更换
	发动机转速表表头损坏	修理或更换
燃油表不工作	燃油表传感器之间的连接线断路或接触不良	修理或更换
	传感器损坏	修理或更换
	稳压器（与水温表共用）损坏	更换
燃油表指针跳跃或停留在某一刻度	传感器滑动接触片触头与可变电阻器接触不良	清洗、修理
	可变电阻器损坏	更换
	稳压器损坏或燃油表损坏	更换
水温表不工作或指示不正确	水温传感器表面有水垢	清洗水垢或更换传感器
	稳压器输出电压不正常	用万用表检查
	导线接触不良	检查、修理
	水温表表头故障	用外接电阻代替传感器检查
冷却液不足警告灯不工作	冷却液不足指示开关损坏	检查开关内是否有水和黑色的插脚，是否有横向裂纹，如有应更换开关
	冷却液不足指示控制器损坏	检查印制电路板 14 号位上的冷却液不足指示控制器，如腐蚀严重应更换
接通点火开关时机油压力警告灯不亮或发动机转速≤2000 r/min 时机油压力警告灯闪亮	低压油压开关损坏、连接导线断路、接触不良	油压在 0.015~0.045 MPa 时，测线灯不熄灭，应更换低压油压开关
	连接导线断路、接触不良	拔下低压油压开关的黄色导线并搭铁时机油压力警告灯不亮，修理或更换中间导线
	油压控制器损坏	拆下仪表板，从油压控制器插座处引一根导线搭铁，机油压力警告灯闪亮，更换油压控制器
发动机转速≥2000 r/min 时机油压力警告灯闪亮	低压油压开关（常闭）损坏	低压油压开关始终闭合则更换
	高压油压开关（常开）损坏	高压油压开关始终打开则更换
	油压控制器损坏	更换

2. 燃油表系统检查

（1）燃油表无传感器状态检查

拔出燃油传感器连接器，打开点火开关，所检查的燃油表指针应指示在无油位置。

（2）燃油表指示检查

图 6-18 所示为捷达燃油表电路，G 为燃油传感器，拔出燃油传感器连接器，将 1 只 3.4 W 的试灯跨接在 T4i/2 和地之间，打开点火开关，试灯应变亮，且燃油表指针指向满的一侧。如果燃油表工作不符合要求，应检查燃油表电压。

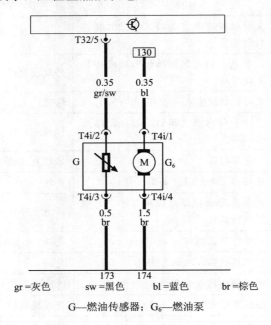

G—燃油传感器；G₆—燃油泵

图 6-18　捷达燃油表电路

（3）燃油表电压检查

拔出燃油传感器连接器，打开点火开关，用数字万用表测量 T4i/3 和地之间的电压，电压应为 12 V（车身控制模块 J_{519} 供电）。如果电压值不符合标准，应更换燃油表；如果电压值符合要求，应检查燃油传感器电阻。

（4）燃油传感器电阻检查

测量燃油传感器端子间电阻，浮子在满位置时电阻约为 3 Ω，在空位置时电阻约为 110 Ω。如果阻值不符合要求，应更换燃油传感器。

（5）燃油液位警告灯检查

拔出燃油传感器连接器，短接燃油传感器配线侧连接器端子，打开点火开关，所检查的燃油液位警告灯应亮。如果灯不亮，检查灯泡和配线。

3. 冷却液温度表系统检查

（1）冷却液温度表无传感器状态检查

拔出冷却液温度传感器连接器，打开点火开关，冷却液温度表指针必须指示在"冷"位置。

（2）冷却液温度表指示检查

如图 6-19 所示，G_{32} 为冷却液不足显示传感器。将冷却液温度传感器配线侧连接器通过 1 只 3.4 W 的试灯接地，打开点火开关，试灯应亮，且冷却液温度表指针必须向"热"侧移动。如果冷却液温度表工作不符合要求，更换冷却液温度传感器后，再检查系统。如果工作仍不符合要求，再检查冷却液温度表电压。

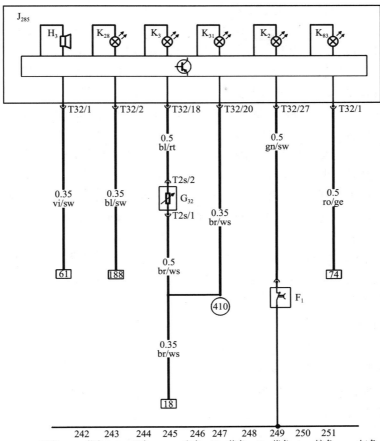

图 6-19　捷达冷却液温度传感器/机油压力控制电路

（3）冷却液温度表电压检查

断开点火开关，拔出冷却液温度传感器连接器，打开点火开关，用数字万用表测量黄/红线和地之间的电压，电压应为 12 V。如果电压值不符合标准，应更换冷却液温度表；如果电压值符合要求，应检查冷却液温度传感器电阻。

（4）冷却液温度传感器电阻检查

拔出冷却液温度传感器连接器，测量传感器端子间电阻，电阻值应符合标准，如表 6-12 所示。如不符合，则应更换冷却液温度传感器。

表 6-12　冷却液温度传感器的阻值

水温/℃	阻值/Ω	水温/℃	阻值/Ω	水温/℃	阻值/Ω
50	740~900	70	390~480	90	210~270
60	540~650	80	290~360	100	160~200

4. 机油压力警告系统检查

（1）捷达机油压力警告系统电路分析

图 6-19 为捷达机油压力控制电路，由机油压力警告灯 K_3、油压开关 F_1 等组成。低压开关安装在发动机缸盖上，高压开关则安装在机油滤清器支架上。打开点火开关，位于仪表板上的机油压力警告灯即闪烁。起动发动机，当机油压力大于 30 kPa 时，该警告灯即自行熄灭。当发动机低速运转时，如果机油压力低于 30 kPa，低压开关的触点即闭合，机油压力警告灯闪烁。当发动机转速超过 2000 r/min 时，如果机油压力达不到 180 kPa，则高压开关的触点一直断开，机油压力警告灯闪烁，警报蜂鸣器同时报警。

在使用中，若出现油压高于 30 kPa（低速）或 180 kPa（高速）时，机油压力警告灯闪烁，说明润滑系统有故障。此时应首先检查机油是否足够，若不够应及时添加润滑油；若润滑油量足够，则应检查压力开关。若低于 30 kPa 警告灯不闪烁，说明低压开关触点烧蚀或接触不良，如都不能解决，应进行发动机检查，检查机油泵、滤网和油路。

（2）机油压力开关的检查

在发动机不工作时，检查低压开关端子与地间是否导通，应为导通。如果工作不符合标准，应更换机油压力开关。检查高压开关端子与地间是否导通，应为不导通。如果工作不符合标准，应更换机油压力开关。

四、任务实施

1. 燃油表指针不动故障诊断与排除

起动汽车，明确仪表系统的故障，按照工艺要求制订燃油表指针不动故障的详细检修计划并实施，将检查数据等填入表 6-13 中。

表 6-13　燃油表指针不动检查记录

作业内容	检查数据	分析	结论
拔出传感器，燃油表指示位置			
接入试灯，燃油表指示位置			
燃油表电压检查			
判断是否为线路故障			
燃油传感器检查			
线路检查			

2. 冷却液温度表指针不动故障诊断与排除

起动汽车，明确仪表系统的故障，按照工艺要求制订冷却液温度表指针不动故障的详细检修计划并实施，将检查数据等填入表 6-14 中。

表 6-14　冷却液温度表指针不动检查记录

作业内容	检查数据	分析	结论
拔出传感器，温度表指示位置			
接入试灯，温度表指示位置			

续表

作业内容	检查数据	分析	结论
温度表电压检查			
判断是否为线路故障			
温度传感器检查			
线路检查			

3. 机油压力警告灯报警故障诊断与排除

起动汽车，明确机油压力报警的故障，制订机油压力警告灯报警故障的详细检修计划并实施，将检查数据等填入表 6-15 中。

表 6-15　机油压力警告灯报警故障检查记录

作业内容	检查数据	分析	结论
起动发动机明确故障			
检查机油油位			
检查低压开关			
检查高压开关			
检查控制器电源			
线路检查			

任务三　汽车喇叭的检测与维修

一、理论知识准备

汽车电喇叭按外形分有螺旋形、筒形、盆形等几种；按声音分有高音和低音两种；按接线方式分有单线和双线两种。

1. 电喇叭的结构

电喇叭的结构基本相同。图 6-20 所示为螺旋形电喇叭结构，其原理为：按下喇叭按钮，电喇叭内部电路接通，其电路为：蓄电池（+）→线圈→触点→喇叭按钮→搭铁→蓄电池（－）。

线圈通电后产生磁力，吸动上铁芯及衔铁下移，使膜片下拱；衔铁下移将触点顶开，线圈电路被切断，其磁力消失，上铁芯、衔铁及膜片又在触点臂和膜片自身弹力的作用下复位，触点又闭合。触点闭合后，线圈又通电产生磁力吸引上铁芯和衔铁下移，再次将触点顶开。如此循环，使上铁芯与下铁芯不断碰撞，会产生较低的基本振频，并激励膜片与共鸣板产生共鸣，从而发出比基本频率高且分布比较集中的"谐音"。

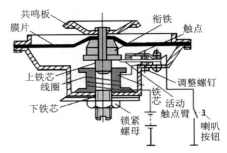

图 6-20　螺旋形电喇叭结构

2. 电喇叭的原理

为了得到较为和谐悦耳的声音，在汽车上一般装有高、低音两个电喇叭。由于电喇叭工作电流较大，为保护电喇叭开关，一般在电喇叭电路中设有电喇叭继电器。电喇叭结构与电路如图 6-21 所示。

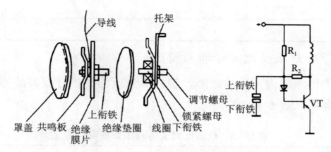

图 6-21 电喇叭结构与电路

当电路接通电源后，由于晶体管 VT 上有正向偏压而导通，线圈中便有电流通过，产生电磁力，吸引上衔铁，连同绝缘膜片和共鸣板一起动作。当上衔铁与下衔铁接触而直接搭铁时，晶体管 VT 失去偏压而截止，线圈中的电流切断，电磁力消失，绝缘膜片与共鸣板在弹力作用下复位，上、下衔铁又恢复为断开状态，晶体管 VT 再次导通。如此反复的动作，绝缘膜片不断振动而发出声响。

二、任务组织

1. 任务目的与要求

（1）能够分析捷达喇叭线路图。
（2）能够进行汽车喇叭的调整和检修。
（3）核心能力：能够排除汽车喇叭故障。

2. 任务设备及工具

（1）实训轿车 1 台，汽车全车线路实验台。
（2）电工工具、万用表。
（3）检修用汽车喇叭。

3. 安全与环保教育

（1）正确操作和检查汽车仪表，以免造成车辆损坏。
（2）座椅加护套，保护汽车内饰不受损坏。
（3）拆卸喇叭时，应先断开蓄电池电源线，并注意车体保护。

三、任务知识准备

1. 喇叭目测检查

（1）检查扬声筒和喇叭盖。如有凹陷或变形应修整。扬声筒因破裂更换时，应注意高、低音之分。高音喇叭的扬声筒比低音喇叭的扬声筒短，如螺旋形喇叭，其高音喇叭的扬声筒为 1.5 圈，低音喇叭的扬声筒为 2.5 圈，不能装错。

（2）检查线圈，灭弧电阻、电容器等各接头是否牢固。如有断脱，应用烙铁焊牢；如有损坏，应更换。

（3）检查喇叭膜片有无破裂。有破裂时应更换膜片。

2. 喇叭的测量

（1）电喇叭线圈的检测

用万用表 $R×1$ 电阻挡测量喇叭线圈电阻，将测得值与标准值对照，若电阻值低于规定值，说明线圈有短路故障；若测得电阻值为∞，说明线圈有开路故障。

当线圈有短路、开路和搭铁故障时，可按原数据重新绕制。

（2）检查触点接触情况

触点应光洁、平整；上、下触点应重合，其中心线的偏移不应超过 0.25 mm，接触面积不应小于 70%，否则应修正。如触点表面烧蚀严重，应将其拆下用油石打磨，其方法如图 6-22 所示。打磨厚度低于 0.3 mm 时应予以更换，并注意金属垫片和绝缘片的位置，切勿装错。

（3）检查电喇叭耗电量

检查电喇叭耗电量时，按图 6-23 所示接线，接通开关 S。电喇叭在蓄电池正常供电的情况下，发音应清脆洪亮、无沙哑杂音，其耗电量应不大于常用电喇叭的主要技术参数中的规定。如耗电量过大或声音不正常，应予以调整。

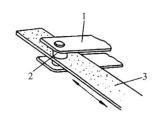

1—触点臂；2—触点；3—砂纸条

图 6-22　触点打磨方法

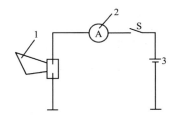

1—喇叭；2—电流表；3—蓄电池

图 6-23　检查电喇叭耗电量

（4）检查电磁铁间隙

衔铁和铁芯之间的间隙应为 0.7～1.5 mm，各方面间隙应均匀。

微课

喇叭音调的调整

3. 喇叭音调的调整

螺旋形电喇叭的音调变化是通过改变衔铁与铁芯的间隙来实现的，而盆形电喇叭是通过改变上、下铁芯间的间隙来实现的。间隙增大，音调降低；间隙减小，音调则升高。衔铁与铁芯的间隙一般为 0.7～1.5 mm。可使用塞尺测铁芯间隙，当其不符合规定时可进行调整。

（1）螺旋形电喇叭音调调整

如图 6-20 所示，先旋松调整螺钉，转动衔铁，改变衔铁与铁芯之间的间隙，从而改变电喇叭的音调。调整时，铁芯要平整，铁芯与衔铁四周的间隙要均匀，否则会产生杂音。

（2）盆形电喇叭音调调整

如图 6-24 所示，先松开锁紧螺母，再旋转下铁芯，改变盆形电喇叭的上、下铁芯间隙即可调整音调的高低，调整方向如图 6-24 所示。

4. 喇叭音量的调整

电喇叭声音的大小与通过喇叭线圈的电流大小有关。当触点压力增大时，流入喇叭线圈的电流增大，使喇叭产生的音量增大；反之，音量减小。

（1）螺旋形电喇叭音量调整

如图 6-20 所示，先松开锁紧螺母，再旋松调整螺钉，使触点间的预压力增大，音量增大；反之，音量减小。

（2）盆形电喇叭音量调整

如图 6-25 所示，直接旋转调节螺钉，改变触点的接触压力，从而实现对音量的调整，调整方向如图 6-25 所示。

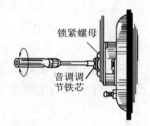

图 6-24　盆型电喇叭音调的调整

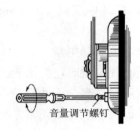

图 6-25　盆型电喇叭音量的调整

注意：调整音量时不可过急，每次只需转动 1/10 圈调节螺钉。

5. 喇叭常见故障的诊断

汽车喇叭的使用频率高，因此喇叭的故障率一直很高，喇叭、喇叭继电器和喇叭开关都有可能出现故障。图 6-26 所示为捷达喇叭线路图，其中 H_2 为高音喇叭，H_7 为低音喇叭。通过喇叭的就车检查可以判断是喇叭故障还是线路故障，如果是线路故障则应依次检查保险、继电器、中央配线盒，以及开关和线路。

（1）捷达轿车喇叭不响故障诊断

就车检查：打开点火开关，用数字万用表测量喇叭插头 T2c 两端的电压，助手按住喇叭开关，如果电压为 12 V 则为喇叭故障，如果无电压则为线路故障。

如喇叭故障应进行喇叭检查和更换，一般采用替换法进行试验。捷达采用双音喇叭，不能修理，如损坏应更换。

喇叭开关检查：检查喇叭开关通断电阻，以判断喇叭开关是否正常。

（2）喇叭声音不正常故障诊断

喇叭声音不正常故障现象为按下喇叭后，喇叭声音沙哑、发闷或刺耳。其诊断与检修步骤如下。

① 检查电源电量：检查蓄电池的电量是否充足。

② 拆下喇叭进行检修或更换。

③ 检查开关线路是否因烧蚀造成虚接。

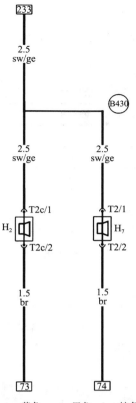

ge =黄色　　sw =黑色　　br =棕色

H₂—高音喇叭；H₇—低音喇叭

图 6-26　捷达喇叭线路图

四、任务实施

1. 喇叭不响故障诊断与排除

点火开关置于"ON"，按下喇叭开关，明确故障现象，制订喇叭不响故障的详细检修计划并实施，将检查数据等填入表 6-16 中。

表 6-16　喇叭不响检查记录

作业内容	检查数据	分析	结论
验证故障			
T2c 两端电压检查			
更换喇叭			
喇叭保险检查			
喇叭继电器检查			
喇叭开关检查			

2. 喇叭发声异常故障检修

点火开关置于"ON"，按下喇叭开关，明确故障现象，制订喇叭发声异常故障的详细检修计划并实施。将检查数据等填入表 6-17 中。

表 6-17　喇叭发声异常检查记录

作业内容	检查数据	分析	结论
验证故障			
T2c 两端电压检查			
检查蓄电池			
更换喇叭			
喇叭检查			
调整喇叭音量			

小结

通过对本项目的学习，读者可全面认识仪表与报警系统的组成、结构。同时，可根据汽车仪表与报警系统电路原理、仪表与报警系统的电路特点，进行综合判断、合理检查与电路检修等过程的实施，找出故障发生的原因。

习　题

1. 简述冷却液温度表电路的组成及工作过程。
2. 简述燃油表电路的组成及工作过程。
3. 简述发动机转速表电路的组成及工作过程。
4. 简述电喇叭的调整方法。

项目七
汽车辅助电器与检修

【项目引入】

汽车上除基本的电器设备外，还有一些辅助电器设备，用以达到各种不同的目的。而且从发展趋势来看，汽车上的辅助电器设备会越来越多。目前汽车上已广泛应用的辅助电器设备有电动刮水器与风窗玻璃洗涤器、电动车窗、电动后视镜、电动座椅、汽车防盗系统等。

【学习目标】

1. 了解辅助电器系统的类型、工作原理。

2. 熟悉辅助电器系统的结构。

3. 掌握辅助电器系统的功用、组成与使用。

4. 掌握辅助电器系统常见故障诊断与排除方法。

5. 学会对辅助电器系统进行检测、使用与维护。

6. 学会对辅助电器系统电路工作异常故障进行检修。

任务一　电动刮水器检修

一、理论知识准备

驾驶员在行车时，雨天、雪天、雾天或扬沙天气会造成驾驶员视线不良，给驾驶安全带来隐患。为了保证在上述不良天气时驾驶员仍具有良好的视线，汽车上都安装有电动刮水器（也称雨刮器），有的车上还安装有后挡风玻璃雨刮器。电动刮水器一般有 1～3 个橡胶刷，由驱动装置带动其来回摆动，以除去挡风玻璃（也称风窗玻璃）上的水、雪与沙尘等。

1. 电动刮水器装置

根据驱动装置的不同，刮水器可分为真空式、气动式和电动式 3 种。目前车辆上广泛使用的是电动刮水器。根据所处位置的不同，电动刮水器又可分为前电动刮水器和后电动刮水器两种。

电动刮水器主要由直流电动机、减速机构、自动停位器、刮水器开关、联动机构及刮片等组成。它一般采用连杆机构并设有多个球形活节，转动和换向都非常灵活自如。如图 7-1 所示，永磁式电动机固装在支架上，连杆和摆杆组成杠杆联动机构，摆杆上连接刮片架，刮片架的上端连接橡胶刮片。电动机的旋转运动，通过轴端的蜗杆传给蜗轮，蜗轮上的偏心销与连杆 8 铰接，并转换为连杆 8 的往复运动。蜗轮转动时，通过连杆带动摆杆摆动，挡风玻璃上的刮水片便在刮片架的带动下摆动刮水。

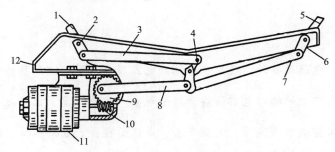

1，5—刮片架；2，4，6—摆杆；3，7，8—连杆；9—蜗轮；10—蜗杆；11—永磁式电动机；12—支架

图 7-1　电动刮水器的组成

刮水电动机一般有永磁式和绕线式两种。永磁式刮水电动机具有体积小、质量轻、结构简单等特点，故在轿车上得到了广泛的应用。其总成如图 7-2 所示，永磁式刮水电动机主要由外壳、永久磁铁磁极、电枢、电刷、蜗轮等组成。

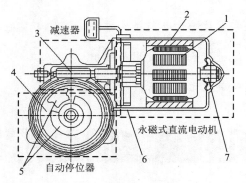

1—电枢；2—永久磁铁磁极；3—蜗杆；4—蜗轮；5—自动停位滑片；6—外壳；7—电刷

图 7-2　永磁式刮水电动机总成

2. 永磁式刮水电动机的变速原理

为了改变永磁式刮水电动机转速，利用 3 个电刷来改变正、负电刷之间串联的电枢线圈的个数，从而改变永磁式刮水电动机的转速。当永磁式刮水电动机工作时，在电枢内每个小线圈中同时产生相等的反电动势，产生的反电动势的方向与电枢电流的方向相反。若要电枢转动，外加电压必须克服反电动势的作用。正、负电刷之间串联的电枢线圈个数越多，转速越低；反之，正、负电刷之间串联的电枢线圈个数越少，转速越高。所以，利用 3 个电刷改变正、负电刷之间串联的电枢线圈个数可以实现变速，三刷式电动机电路原理图如图 7-3 所示。

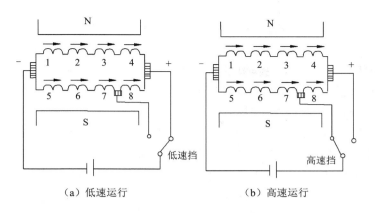

（a）低速运行　　　　　　　（b）高速运行

图 7-3　三刷式电动机电路原理图

当将刮水开关拨向低速挡时，电源和正、负电刷接通时，其内部形成两条对称的并联支路，一条支路由线圈 1、2、3、4 串联组成，另一条支路由线圈 5、6、7、8 串联组成。由于各线圈反向电动势方向相同，互相叠加，相当于四对线圈串联，三刷式电动机以较低转速运转。

当将刮水开关拨向高速挡时，电源和负电刷及偏置电刷接通时，其内部形成两条不对称的并联支路，一条支路由线圈 1、2、3、8 串联组成，另一条支路由线圈 5、6、7 串联组成，其中线圈 8 和线圈 1、2、3、4 的反电动势方向相反，互相抵消后，相当于只有 3 对线圈串联，因而只有转速升高才能使反电动势达到与运转阻力矩相应的值，形成新的平衡，故此时三刷式电动机转速较高。

3. 电动刮水器的控制电路和自动复位装置

电动刮水器的控制电路和自动复位装置能保证刮水器开关在任何时刻断开时，雨刷臂都能自动停在挡风玻璃的底部，使之不影响驾驶员的视线。

自动复位装置在减速蜗轮上嵌有铜环，铜环分为两部分，分别与电动机的外壳相连（搭铁）。触点臂由磷铜片或其他弹性材料制成，一端铆有触点。由于触点臂具有弹性，因此当减速蜗轮转动时，触点与减速蜗轮端面的铜环保持接触。

永磁式双速刮水器控制电路如图 7-4 所示。刮水器开关有 3 个挡位，它可以控制该刮水器的速度和自复位，0 挡为复位挡，1 挡为低速挡，2 挡为高速挡。

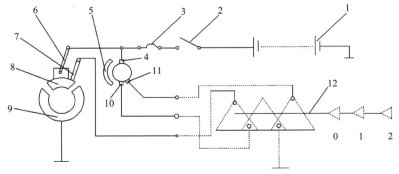

1—蓄电池；2—电源开关；3—熔断器；4，10，11—电刷；

5—永久磁铁；6，7—自动复位触片；8，9—自动复位滑片；12—刮水器开关

图 7-4　永磁式双速刮水器控制电路

当电源开关闭合后，刮水器开关不论是处在低速挡还是高速挡，电动机都可按要求运转。

当刮水器开关处于 1 挡时，电流流经蓄电池"＋"→电源开关→熔断器→电刷 4→电刷 10→刮水开关→搭铁构成回路，电动机以低速运转。

当刮水器开关处于 2 挡时，电流流经蓄电池"＋"→电源开关→熔断器→电刷 4→电刷 11→刮水器开关→搭铁构成回路，电动机以高速运转。

当刮水器开关由 1 挡或 2 挡变成 0 挡时，自动停位器中的自动复位触片 7 可能处在自动复位滑片 9 处，也可能处在自动复位滑片 8 处。当自动复位触片 7 处在自动复位滑片 9 处时，电流从电刷 4 流入电动机，经电刷 10→刮水器开关→自动复位触片 7→自动复位滑片 9→搭铁形成回路，此时，电动机继续转动。随着电动机转动，当自动复位触片 7 和自动复位滑片 8 接触时，电动机所在电路中无搭铁点，不能和电源构成通路。此时的电流经电刷 4→电刷 10→刮水器开关→自动复位触片 7→自动复位滑片 8→自动复位触片 6→电刷 4 又构成另一闭合回路。原电流突然消失，此回路中便产生一个反向电流（楞次定律），该反向电流使电动机克服原来的惯性迅速停止。因此无论刮水器开关在何时关闭，只有当自动复位触片 7 和自动复位滑片 8 接触时，电动机才能停止运转，而停止时雨刷臂必然处在挡风玻璃的底部。

二、任务组织

1. 任务目的与要求

（1）能够进行雨刮系统的拆装。

（2）能够进行雨刮片的调整与更换。

（3）核心技能：能够对轿车刮水器系统进行检修。

2. 任务设备及工具

（1）实训轿车，刮水器电动机、雨刮片等刮水系统配件。

（2）常用拆装工具 1 套。

（3）万用表、稳压电源等检测工具。

3. 安全与环保教育

（1）拆卸前，对车辆进行必要的保护，避免刮、划面漆。

（2）拆卸电机前，拔出汽车钥匙，切断汽车电源。

三、任务知识准备

汽车刮水器故障是轿车常见故障，尤其雨刮片是汽车易损件，当雨刮片工作异常时必须及时对其进行检修和保养，以免划伤挡风玻璃。前文已经介绍了雨刮器的基本结构和原理，各种车辆的雨刮器拆装方法有一定的差异，但基本方法相近。

1. 刮水器与清洗装置的维修

（1）刮水器橡胶条的拆装

① 用鲤鱼钳把刮水器橡胶条被封住一侧的两块钢片钳在一起，从上面的夹子里取出，并把刮水器橡胶条连同钢片从刮水片其余的几个夹子里拉出。

② 把新的刮水器橡胶条塞进刮水片下面的夹子里，并把它扎紧。

③ 把两块钢片插入刮水器橡胶条第一条的槽口,对准刮水器橡胶条并进入槽内的刮水器橡胶条凸缘内。

④ 用鲤鱼钳把两块钢片与刮水器橡胶条重新钳紧,并插入上端夹子,使夹子两边的凸缘均进入刮水器橡胶条的限位槽内。

（2）曲柄定位位置的调整

① 使刮水器电动机转到极限位置。

② 装上曲柄,并调整到能看见管内螺纹为止。

（3）刮水器支座的更换

刮水器支座一经拆卸,就应进行更换。在拆卸刮水器支座时,用割刀切断铆钉,如图7-5所示。安装刮水器支座时,支座应支撑牢固,如图7-6所示。

图 7-5　刮水器支座的拆卸

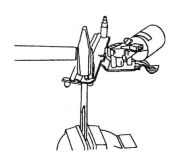
图 7-6　刮水器支座的安装

2. 刮水器电动机的检查

（1）检查低速运转状态

检查方法如图7-7所示,把蓄电池正极引线接到端子2,负极引线接到端子1,检查刮水器电动机是否以低速运转。如果运转不符合规定,则应更换刮水器电动机。

（2）检查高速运转状态

检查方法如图7-8所示,把蓄电池正极引线接到端子2,负极引线接到端子1,检查刮水器电动机是否以高速运转。如果运转不符合规定,则应更换刮水器电动机。

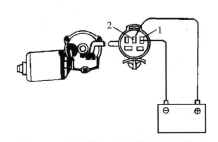
图 7-7　刮水器电动机低速运转检查

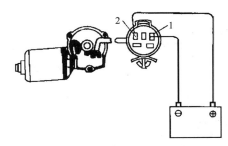
图 7-8　刮水器电动机高速运转检查

（3）检查停止状态

刮水器电动机以低速运转时,在除了停止位置以外的任何位置,用拆下端子 2 的正极引线的方法停止刮水器电动机的转动。连接端子 2 和 3,如图 7-9 所示,蓄电池正极引线接到端子 4,负极引线接到端子 1,刮水器电动机再次运转后,检查运行到停止位置时刮水器电动机是否运转。如果运转不符合规定，则应更换刮水器电动机。

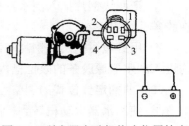

图 7-9　刮水器电动机停止位置检查

3. 刮水器与风窗清洗装置故障诊断与检修

（1）刮水器电路分析

捷达 2011 轿车刮水器与风窗清洗装置电路图如图 7-10 所示。

风窗刮水器受刮水器开关 E_{22} 和刮水器电动机附设的自动回位开关的控制。刮水器分高速、低速、点动、间隙 4 种工作状态。J_{519} 电源模块控制 J_{18} 卸荷继电器工作，为开关 E_{22} 供电。

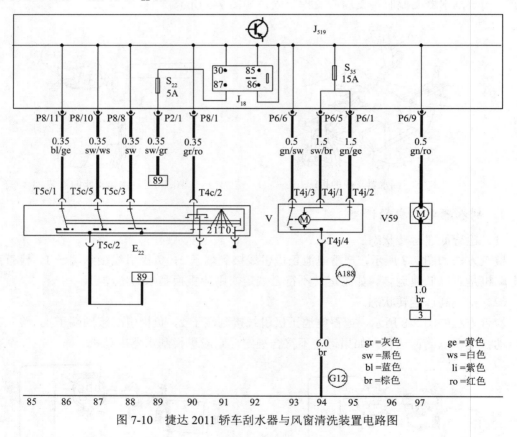

图 7-10　捷达 2011 轿车刮水器与风窗清洗装置电路图

低速刮水：当刮水器开关 E_{22} 拨杆拨至 1 挡时，T5c/2 与 T5c/5 接通，经 P8/10 接脚进入 J_{519} 控制单元，J_{519} 控制单元为刮水器电动机 V 供电，经 S_{35} 熔断器、P6/5 接脚、T4j/1 接脚接通刮水器电动机 V 的低速端，经 T4j/4 接地，刮水器电动机以 42～52 r/min 的速度低速运转。

高速刮水：当刮水器开关 E_{22} 拨杆拨至 2 挡时，T5c/2 与 T5c/1 接通，经 P8/11 接脚进入 J_{519} 控制单元，J_{519} 控制单元为刮水器电动机 V 供电，经 S_{35} 熔断器、P6/1 接脚、T4j/2 接脚接通刮水器电动机 V 的高速端，经 T4j/4 接地，刮水器电动机 V 以 62～80 r/min 的速度高速运转。

点动刮水：当刮水器开关 E_{22} 拨杆拨至在 0 挡，驾驶员用手抬起拨杆时，刮水器电动机 V 的工作状态与刮水器开关 E_{22} 在 1 挡时相同，但当驾驶员松开刮水器开关 E_{22} 拨杆时，在刮

水器开关 E_{22} 弹簧的作用下，刮水器开关 E_{22} 会自动回到 0 挡。此时刮水器不工作。所以点动刮水的时间由驾驶员手抬起刮水器开关 E_{22} 拨杆的时间而定。

间隙刮水：刮水器开关 E_{22} 拨杆拨至 J 挡时，T5c/2 与 T5c/3 接通，经 P8/8 接脚进入 J_{519} 控制单元，J_{519} 控制单元为刮水器电动机 V 供电，经 S_{35} 熔断器、P6/5 接脚、T4j/1 接脚接通刮水器电动机 V 的低速端，经 T4j/4 接地，使刮水器每 6 s 工作一次。

刮水器电动机总成的二位自动回位开关，由开关总成内部结构保证刮水片处在最下端位置时，二位自动回位开关的 T4j/3 与 T4j/4 接脚处于断开状态。当刮水片不在最下端位置时，二位自动回位开关的 T4j/3 与 T4j/4 接脚处于接通状态，J_{519} 控制单元为刮水器电动机 V 供电，经 P6/6、T4j/3 接脚接通刮水器电动机 V 的低速端，刮水器工作，确保刮水器橡胶条不挡住驾驶员的视线。

（2）风窗清洗装置电路分析

如图 7-10 所示，当刮水器开关 E_{22} 拨杆向上拨 T 位时，T5c/2 与 T4c/2 接通，经 P8/1 进入 J_{519} 控制单元，J_{519} 控制单元为风窗清洗泵供电，经 P6/9 接脚进入风窗清洗泵 V59，位于发动机盖上的喷头同时向前风窗玻璃喷洒清洗液。与此同时 T5c/2 与 T5c/5 接通，刮水器电动机 V 低速运转。松开刮水器开关 E_{22} 拨杆时，点动触点自动切断电源，风窗清洗泵停止工作。但刮水器电动机 V 继续运转，直到刮水片处于最下端时，刮水器电动机 V 停止工作。刮水器开关 E_{22} 在任何位置时，点动开关都能独立工作，它们互不干扰。

（3）风窗刮水器及清洗装置的故障与检修

风窗刮水器及清洗装置常见故障原因与排除方法，如表 7-1 所示。

表 7-1　风窗刮水器及清洗装置常见故障原因与排除方法

故障现象	故障原因	排除方法
风窗玻璃表面有部分刮不到	（1）刮水器橡胶条从槽中脱出； （2）刮水器橡胶条与玻璃接触不均匀，弹簧或钢片弯曲； （3）定位杆在玻璃上的压力小	（1）将刮水器橡胶条塞入卡槽； （2）调整或更换刮水片； （3）在定位杆与弹簧条间加油润滑，或更换定位杆
刮水后，玻璃上仍留有水迹	玻璃上有油或油漆抛光剂	用粘上去油剂的干净抹布擦拭
刮水片一边刮水正常，另一边发响	（1）有一边刮水片变形； （2）定位杆扭曲，刮水片斜卡在玻璃上	（1）更换刮水器橡胶条； （2）校正定位杆
玻璃上有水迹、擦痕	（1）刮水器橡胶条弄脏； （2）刮水器橡胶条磨损或断裂； （3）刮水器橡胶条老化、表面破裂	（1）用酒精或洗涤剂清洗； （2）更换刮水器橡胶条； （3）更换刮水器橡胶条
接通点火开关，拨动刮水器开关在各挡时，刮水器均不工作	（1）S_{11} 熔断器烧坏； （2）连接导线及插件接触不良； （3）刮水器开关损坏； （4）中央印制电路板有关线束及插件接触不良； （5）刮水器电动机损坏	（1）更换 S_{11} 熔断器； （2）检查与紧定； （3）更换刮水器开关； （4）检查与紧定； （5）更换刮水器电动机
刮水器高速挡时工作，其他各挡不工作	刮水继电器损坏	更换刮水继电器

续表

故障现象	故障原因	排除方法
刮水器低速挡时不工作，其他各挡均工作正常	（1）刮水继电器损坏； （2）刮水器开关损坏； （3）中央印制电路板 A2 结点接触不良	（1）更换刮水继电器； （2）更换刮水器开关； （3）检修
刮水器"间隙"挡不工作，其他各挡工作正常	（1）刮水器开关损坏； （2）刮水继电器损坏； （3）连接导线及插件接触不良	（1）更换刮水器开关； （2）更换刮水继电器； （3）检查、紧定
刮水器开关接通风窗清洒泵，但不喷液	（1）水罐内无清洗液； （2）喷水泵损坏； （3）软管及喷嘴损坏或堵塞	（1）加注清洗液； （2）检修或更换喷水泵； （3）检修或更换软管及喷嘴

四、任务实施

1. 刮水器橡胶条及雨刮臂更换

（1）按照工艺要求更换实训轿车的刮水器橡胶条。

（2）按照工艺要求更换雨刮臂和雨刮臂支座。

将检修记录填入表 7-2 中。

表 7-2　刮水器橡胶条及雨刮臂检修记录

序号	作业内容	使用工具	检查	结论
1	操作雨刮器，检查雨刮臂工作			
2	更换刮水器橡胶条			
3	更换雨刮臂			
4	更换雨刮臂支座			
5	修复后检查雨刮器工作情况			

2. 刮水器的检查

认识刮水器电动机，按照工艺要求检查刮水器电动机，将检查记录填入表 7-3 中。

表 7-3　刮水器电动机检查记录

序号	作业内容	检查数据	分析	结论
1	刮水器电动机低速线圈电阻			
2	刮水器电动机高速线圈电阻			
3	复位端子搭铁电阻			
4	洗涤电动机电阻			
5	慢速线端子与复位端子电阻			
6	慢速线端子与电源端子电阻			
7	高速线端子与电源端子电阻			
8	复位端子与高、低和间歇端子电阻			

续表

序号	作业内容	检查数据	分析	结论
9	喷水挡电源与喷水线电阻			
10	挂水电机低速运转检查			
11	挂水电机高速运转检查			
12	挂水电机复位检查			

3. 刮水器不工作故障诊断

起动刮水器，明确刮水器系统的故障，制订刮水器不工作故障诊断方案和检修计划，实施刮水器不工作故障检修任务，将检查数据等填入表 7-4 中。

表 7-4　刮水器不工作故障检查记录

序号	作业内容	检查数据	分析	结论
1	检查刮水器保险			
2	检查间歇继电器			
3	检查刮水器开关			
4	检查刮水器复位装置			
5	测量刮水器电动机插头复位电源			
6	判断电路是否故障			
7	检查刮水器线路			
8	验证故障排除效果			

4. 风窗清洗装置不喷水故障诊断与检修

进行喷水清洗操作，明确故障现象，制订风窗清洗装置不喷水故障诊断方案和检修计划，实施检修任务，将检修记录填入表 7-5 中。

表 7-5　风窗清洗装置不喷水故障检修记录

序号	作业内容	检查数据	检修情况	结论
1	检查点火开关			
2	检查清洗液并加注			
3	检查喷水电机插接电源			
4	更换喷水电机			
5	检查雨刮器及风窗清洗装置开关			
6	判断电路是否故障			
7	检查喷水电机线路			
8	验证故障排除效果			

任务二 电动车窗检修

电动车窗是以电为动力使车窗玻璃自动升降的车窗，其主要作用是调节车室内空气。驾驶员操作时，可以使 4 个车窗中的任意一个上升或下降，乘员一般只能使所在的车窗上升或下降。

一、理论知识准备

1. 电动车窗的组成

电动车窗由驾驶员或其他乘员操纵开关来接通车窗升降电动机的电路，电动机产生的动力通过一系列的机械传动，使车窗玻璃按要求进行升降。电动车窗主要由车窗玻璃、电动机、车窗升降器、控制开关等组成。

（1）电动机

电动机的作用是为车窗玻璃的升降提供动力。电动车窗常采用双向转动的电动机，有永磁型和双绕组型两种。永磁型的电动机是外搭铁，双绕组型的电动机则是各绕组搭铁。这两种电动机都是通过改变电流的方向来实现正、反转以控制车窗玻璃的升或降。

通常汽车的每个车门各有一个电动机，通过开关控制电动机中的电流方向，进而控制车窗玻璃的升降。

（2）控制开关

控制开关的作用是控制电动机中电流的方向。电动车窗的控制开关一般有两套。

微课

车窗升降器的分类

2. 车窗升降器的分类

车窗升降器主要有钢丝滚筒式升降器、齿扇式升降器及齿条式升降器等。

钢丝滚筒式升降器如图 7-11 所示，主要由升降器电动机、玻璃托架、钢丝绳、卷丝筒等组成。钢丝滚筒式升降器的减速器上装有一个滚筒，滚筒上绕有钢丝，玻璃安装卡座固定在钢丝上并可在滑动支架上做上下移动。当升降器电动机转动时，钢丝便带着玻璃安装卡座沿滑动支架上下移动，使车窗玻璃上升或下降。

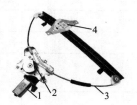

1—升降器电动机；2—卷丝筒；3—钢丝绳；4—玻璃托架

图 7-11 钢丝滚筒式升降器

齿扇式升降器如图 7-12 所示，主要由电动机、齿轮臂、导向板、从动臂和玻璃安装板等组成。齿扇式升降器的齿扇上装有螺旋弹簧，当车窗玻璃下降时，连接在扇形齿轮上的螺旋弹簧会卷起来，并储存能量；当车窗玻璃升高时，弹簧松开释放能量，协助升高车窗玻璃，弹簧的作用力用来补偿车窗的重力。没有螺旋弹簧，车窗玻璃下降可能只需要较小的力量，但升高时却需要更大的力量。螺旋弹簧的作用就是使车窗玻璃上升或下降时驱动电动机承受相同的负荷。

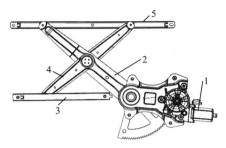

1—电动机；2—齿轮臂；3—导向板；4—从动臂；5—玻璃安装板

图 7-12　齿扇式升降器

　　齿条式升降器如图 7-13 所示。电动车窗使用的电动机是双向的，通过开关控制它的电流方向来使车窗玻璃升降。齿条式升降器使用了一个小齿轮和一根柔性齿条，车窗玻璃就固定在柔性齿条的一端，电动机带动小齿轮转动，小齿轮带动柔性齿条移动，最终使车窗玻璃上升或下降。

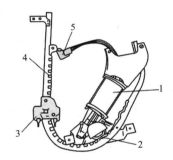

1—电动机；2—小齿轮；3—定位架；4—柔性齿条；5—线束接头

图 7-13　齿条式升降器

3. 电动车窗的控制原理

（1）电动车窗的操作

　　当车窗升降器中的直流永磁电动机接通额定电流后，转轴输出转矩，经蜗轮蜗杆减速后，再由缓冲联轴器传递到卷丝筒，带动卷丝筒旋转，使钢丝绳拉动安装在玻璃托架上的滑动支架在导轨中做上下运动，达到使车窗玻璃升降的目的。车窗升降器组合开关如图 7-14 所示。点火开关置于"ON"时，可使用按键式的车窗升降器组合开关方便地控制 4 扇车窗玻璃的升降。后排座位的乘客还可以使用安装在左、右门上的按键开关进行单独操作。车窗升

图 7-14　车窗升降器组合开关

降器组合开关上的 4 个按键分别控制各自相应的车窗玻璃升降，中间黄色开关为后窗玻璃升降总开关，可以切断后窗车门上的车窗升降器开关。驾驶员车窗玻璃升降的操作与其他车窗玻璃有所不同，只需要点一下下降键，车窗玻璃即可一降到底，如需中途停下，点一下上升键即可。当点火开关置于"OFF"时，延时继电器会继续工作 1 min，在此期间车窗玻璃仍可受车窗升降器组合开关作用，然后自动切断（地线）。

（2）电动车窗电路原理图

不同车型所采用的电动车窗的电动机及其控制电路各不相同。电动机可分成直接搭铁式和控制搭铁式两种。直接搭铁式电动机的一端直接搭铁，电动机内部有两组磁场线圈，通过接通不同的线圈，使电动机的转向不同，以实现车窗玻璃的上升和下降动作。图 7-15 所示为电动车窗电路原理图。

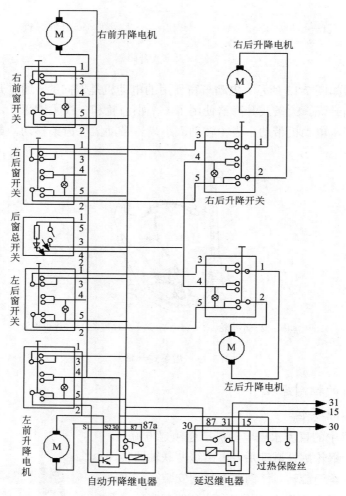

图 7-15　电动车窗电路原理图

（3）电动车窗操作过程

电动车窗的控制有手动控制和自动控制两种。手动控制是指按住相应的手动按钮，车窗玻璃可以上升或下降，若中途松开按钮，上升或下降的动作会立即停止。自动控制是指按下自动按钮，松开手后车窗玻璃会一直上升至最高或下降至最低。

各电动车窗电路中，均有断路保护器，以免电动机因超载而烧坏。断路保护器触点臂为双金属片结构，当电动机超载，电路中的电流过大时，双金属片因温度上升而产生翘曲变形，从而断开触点，切断电路；电流消失后，双金属片冷却，翘曲变形消失，触点再次闭合。如此周期性动作，使电动机电流平均值不致超过规定值，以防电动机过热损坏。

二、任务组织

1．任务目的与要求

（1）能够进行电动车窗的拆装。
（2）能够排除电动车窗的故障。
（3）核心能力：能够对电动车窗进行拆卸与检修。

2．任务设备及工具

（1）实训轿车，电动车窗常用配件。
（2）常用拆装工具。
（3）万用表、稳压电源等检测工具。

3．安全与环保教育

（1）拆卸前，对车辆进行必要的保护，避免刮、划面漆。
（2）拆卸电器前，拔出汽车钥匙，切断汽车电源。

三、任务知识准备

电动车窗是目前轿车的常规配置，由于使用频繁和操作不当等原因，电动车窗经常出现故障。

1．车窗升降器控制电路

捷达 2011 轿车车窗升降器控制电路如图 7-16 所示。电器部分由过热保险丝 S17（20A）、开关、直流电机等组成。

2．车窗升降器常见故障与排除

（1）车窗升降器不工作

车窗升降器不工作，分全部还是部分不工作。当点火开关置于"ON"时，按键按下不工作，可能的原因有保险丝熔断、线路断路、电动机损坏、开关损坏等。可按照先查电路通断的方法进行排查，必要时更换损坏的元器件。

（2）电动机正常，车窗升降器不工作

通常是钢丝绳断，或跳槽、滑动支架断，或支架的传动钢丝夹转动。可拆检排查，有必要时换新件。

（3）车窗升降器工作时发卡、有异响

可拆检排查，重新调整安装螺钉和卷丝筒内的钢丝绳位置，检查安装支架弧度是否正确，导轨是否损坏变形、有异物，电动机是否损伤，有必要时换新件。

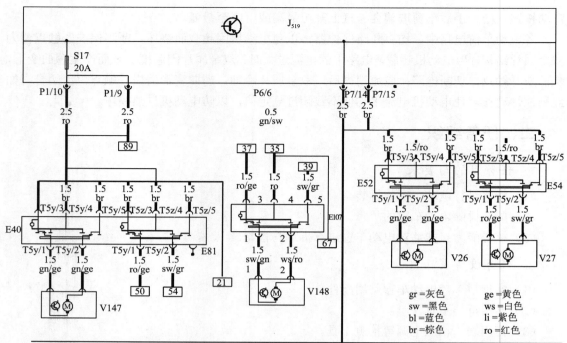

E40—左前门电动玻璃升降开关；E81—司机侧右前门电动玻璃升降开关；V147—司机侧玻璃升降电机；

E107—右前门电动窗开关；V148—副司机侧玻璃升降电机；E52—左后门电动玻璃升降开关；

E54—右后门电动玻璃升降开关；V26—左后门电动玻璃升降电机；V27—右后门电动玻璃升降电机

图 7-16　捷达 2011 轿车车窗升降器控制电路

四、任务实施

1. 电动车窗均不升降故障诊断

操作电动车窗，确定电动车窗的故障，制订检修计划，实施检修任务，将检修记录填入表 7-6 中。

表 7-6　电动车窗均不升降检修记录

序号	作业内容	检查数据	分析	结论
1	操作电动车窗检查故障现象			
2	检查 S17 保险			
3	检查 P1 插头			
4	检查 T5y、T5z 插头			
5	检查左前门电动玻璃升降开关 E40			
6	检查电动车窗线路			
7	验证故障排除效果			

2. 单个电动车窗不工作故障诊断

操作电动车窗，明确电动车窗的故障，制订检修计划，实施检修任务，将检修记录填入表 7-7 中。

表 7-7　单个电动车窗不升降检修记录

序号	作业内容	检查数据	分析	结论
1	操作电动车窗检查故障现象			
2	检查左前门电动玻璃升降开关 E40			
3	检查电动车窗开关（不工作的）			
4	检查电动车窗电动机插头（不工作）			
5	检查电动车窗升降机构			
6	检查电动车窗电动机			
7	检查电动车窗线路			
8	验证故障排除效果			

任务三　中控锁检修

一、理论知识准备

1. 中控锁的作用

汽车中控锁的全称是中央控制门锁。为提高汽车使用便利性和行车安全性，绝大部分现代汽车均安装中控锁。安装中控门锁后可实现以下功能。

（1）中央控制：当驾驶员锁住其身边车门时，其他车门及行李舱门也同时锁住，驾驶员可通过开关同时打开各个车门和行李舱门。

（2）速度控制：当行车速度达到一定时，各个车门能自行锁上，防止乘员误操作车门把手而导致车门打开。

（3）单独控制：除在驾驶员身边车门以外，还在其他车门设置单独的弹簧锁开关，可独立地控制打开和锁住车门。

2. 中控锁的组成

目前汽车上装用的中控锁种类很多，但其基本组成主要有门锁开关、门锁执行机构和门锁控制器。

（1）门锁开关

大多数中控锁的门锁开关都是由总开关和分开关组成的，总开关安装在驾驶员身边车门上，驾驶员操纵总开关可将全车所有车门锁住或打开；分开关安装在其他各个车门上，可单独地控制一个车门。

（2）门锁执行机构

中控锁的门锁执行机构用于执行驾驶员的指令，将门锁锁住或打开。门锁执行机构有电磁式、直流电动机式和永磁电动机式 3 种驱动方式。

（3）门锁控制器

门锁控制器是为门锁执行机构提供锁住/打开脉冲电流的控制装置。无论何种门锁执行机构都是通过改变门锁执行机构的通电电流方向来控制连杆左右移动的，从而实现门锁的锁住和打开。

门锁控制器的种类很多，按其控制原理大致可分为晶体管式、电容式和车带感应式 3 种门锁控制器。

二、任务组织

1. 任务目的与要求

（1）能够进行中控锁的拆装。

（2）能够排除中控锁的故障。

（3）核心能力：掌握中控锁的检修与更换方法。

2. 任务设备及工具

（1）实训轿车，中控锁配件。

（2）常用拆装工具 1 套。

（3）万用表等检测工具。

3. 安全与环保教育

（1）拆卸前，对车辆进行必要的保护，避免刮、划面漆。

（2）拆装电器前，拔出汽车钥匙，切断汽车电源。

三、任务知识准备

1. 中央控制门锁的结构与工作原理

（1）中央控制门锁的结构

捷达 2011 轿车采用中央控制门锁。中央控制门锁由驾驶员把车钥匙插入左前门锁内，在打开或锁住该门锁时，其余 3 扇门的门锁能同时被打开和锁住。其余 3 扇门上的按钮还可分别控制各门锁单独地开启或锁紧。中央控制门锁由门锁控制器、门锁开关、闭锁器（执行器）和电机等电器部分和门锁、钥匙、拉杆、拉纽等机械部分组成。

（2）中央控制门锁电路

捷达 2011 轿车中央控制门锁线路图如图 7-17 所示，中控锁系统由 J_{519} 控制单元供电，主要包括 S18（20A）保险，左前门中控锁模块 V56 和中控锁控制电机 V57～V59，各门锁开关 F2、F3、F10、F11。

2. 中央控制门锁常见故障与排除

（1）部分车门不工作

用车钥匙打开左侧驾驶员门锁时，其余车门部分能自动打开、部分不能打开故障的可能原因有线路断路、门锁控制器损坏、闭锁执行器损坏等。可按照先查电路通断的方法来进行排查。有必要时把损坏的元器件换新。

（2）全部车门不工作

用车钥匙打开左侧驾驶员门锁时，若其余车门全部不能自动打开，应在排除蓄电池无电的情况下，检查保险丝和门锁控制器中的继电器线路，有必要时更换新件。

（3）拉手卡滞

当拉杆变形、门锁锈蚀严重时，拉手在操作时会卡滞。应及时拆检门锁、拉杆，有必要时修理和更换新件。

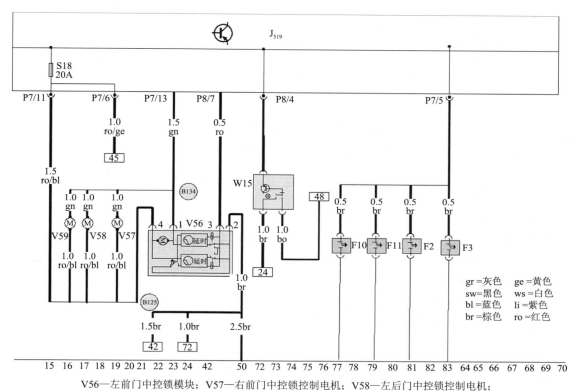

V56—左前门中控锁模块；V57—右前门中控锁控制电机；V58—左后门中控锁控制电机；

V59—右后门中控锁控制电机；F2—左前门锁开关；F3—右前门锁开关；F10—左后门锁开关；F11—右后门锁开关

图 7-17　捷达 2011 轿车中央控制门锁线路图

四、任务实施

1. 中控锁的拆卸与检修

检查中控锁的故障，制订中控锁的拆卸检修计划并实施，将拆卸与检查记录填入表 7-8 中。

表 7-8　中控锁的拆卸与检查记录

序号	作业内容	拆卸情况	检查结果	结论
1	拆卸左前门内饰板			
2	拆卸右前门内饰板			
3	拆卸左后门内饰板			

序号	作业内容	拆卸情况	检查结果	结论
4	拆卸右后门内饰板			
5	拆卸仪表台左饰框			
6	拆卸中控锁控制单元			
7	检查门锁执行器			
8	检查门锁执行器电动机			
9	排列中控锁零部件			

2. 中控锁的安装与调整

修复或更换后安装中控锁，制订中控锁的安装与调整计划并实施，将安装与调整记录填入表 7-9 中。

表 7-9　中控锁安装与调整记录

序号	作业内容	装配情况	检查结果	结论
1	安装门锁执行器			
2	安装控制单元			
3	安装、调整中央门锁			
4	安装内饰板			
5	验证检修结果			

3. 中控锁不工作故障诊断

确定中控锁的类型，操作实训轿车，检查中控锁的故障，制订中控锁不工作的检修计划并实施，将检修记录填入表 7-10 中。

表 7-10　中控锁不工作故障检修记录

序号	作业内容	检查数据	分析	结论
1	检查中控锁保险 S18			
2	测量联锁开关电压			
3	测量电动机接插器电压			
4	检查门锁执行器电动机			
5	检查门锁执行器传动齿轮			
6	验证故障排除效果			

任务四　电动后视镜检修

汽车上的电动后视镜位置直接关系驾驶员能否观察到车后的情况，而驾驶员在行车时手动调整它的位置又比较困难，尤其是前排乘员车门一侧的后视镜。电动后视镜的作用就是方便驾驶员调整后视镜的角度（在行车时可随时对左、右后视镜的角度进行调节）。因此，现在汽车的后视镜一般使用电动的，通过电器控制系统操纵后视镜就可解决难以手动调整的问题。

一、理论知识准备

微课

理论知识准备

1. 电动后视镜的组成

电动后视镜一般由镜片、驱动电动机、控制电路及操纵开关等组成。

每个电动后视镜的背后都装有两套电动机和驱动器，可操纵其上下及左右运动。通常上下方向的运动由一个电动机控制，左右方向的倾斜运动由另一个电动机控制，都采用永磁式直流电动机。

通过改变电动机的电流方向，就可完成对后视镜的上下及左右方向的调整。电动后视镜的结构和控制开关如图 7-18 所示。

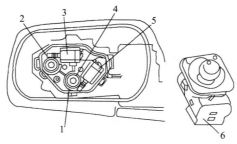

1—驱动齿轮；2—驱动轴；3—左右调整电动机；4—弹簧；5—上下调整电动机；6—控制开关

图 7-18　电动后视镜的结构和控制开关

2. 电动后视镜的控制工作原理

某轿车电动后视镜的控制电路图如图 7-19 所示。

在进行调整时，首先通过左/右选择开关选择要调整的电动后视镜，如果要调整左后视镜就选择"L"，调整右后视镜就选择"R"。

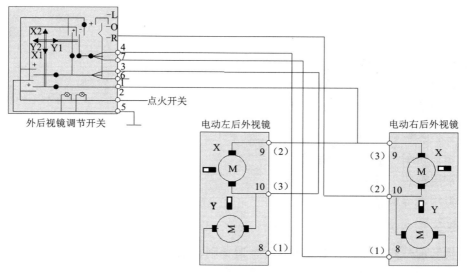

图 7-19　某轿车电动后视镜的控制电路图

（1）向外旋转

如果让左后视镜向外旋转，按下外后视镜调节开关向外旋钮 X1。

工作过程：电流流经点火开关→外后视镜调节开关接脚 2→外后视镜调节开关接脚 1→左后视镜接脚 9→左后视镜电动机 X→左后视镜接脚 10→外后视镜调节开关接脚 3→外后视镜调节开关接脚 5→搭铁→蓄电池负极，左后视镜完成向外旋转动作。右后视镜向外旋转调节与此相似。

（2）向里旋转

如果让左后视镜向里旋转，按下外后视镜调节开关向里旋钮 X2。

工作过程：电流流经点火开关→外后视镜调节开关接脚 2→外后视镜调节开关接脚 3→左后视镜接脚 3→左后视镜电动机 X→左后视镜接脚 2→外后视镜调节开关接脚 1→外后视镜调节开关接脚 5→搭铁→蓄电池负极，左后视镜完成向里旋转动作。右后视镜向里旋转调节与此相似。

（3）向上旋转

如果让左后视镜向上旋转，按下外后视镜调节开关向上旋钮 Y1。

工作过程：电流流经点火开关→外后视镜调节开关接脚 2→外后视镜调节开关接脚 4→左后视镜接脚 1→左后视镜电动机 Y→左后视镜接脚 3→外后视镜调节开关接脚 3→外后视镜调节开关接脚 5→搭铁→蓄电池负极，左后视镜完成向上旋转。右后视镜向上旋转调节与此相似。

（4）向下旋转

如果让左后视镜向下旋转，按下外后视镜调节开关向下旋钮 Y2。

工作过程：电流流经点火开关→外后视镜调节开关接脚 2→外后视镜调节开关接脚 3→左后视镜接脚 3→左后视镜电动机 Y→左后视镜接脚 L→外后视镜调节开关接脚 4→外后视镜调节开关接脚 5→搭铁→蓄电池负极，左后视镜完成向下旋转。右后视镜向下旋转调节与此相似。

二、任务组织

1. 任务目的与要求

（1）能够进行电动后视镜的拆装。

（2）能够排除电动后视镜的故障。

（3）核心能力：掌握电动后视镜的检修与更换方法。

2. 任务设备及工具

（1）实训轿车，电动后视镜配件。

（2）常用拆装工具 1 套。

（3）万用表等检测工具。

3. 安全与环保教育

（1）拆卸前，对车辆进行必要的保护，避免刮、划面漆。

（2）拆装电器前，拔出汽车钥匙，切断汽车电源。

三、任务知识准备

1. 电动后视镜电路

电动后视镜线路图如图 7-20 所示。主要包括 J_{519} 模块、E43 电动后视镜操控开关、VX4 左后视镜左右调节电动机、VX5 右后视镜上下调节电动机等组成。

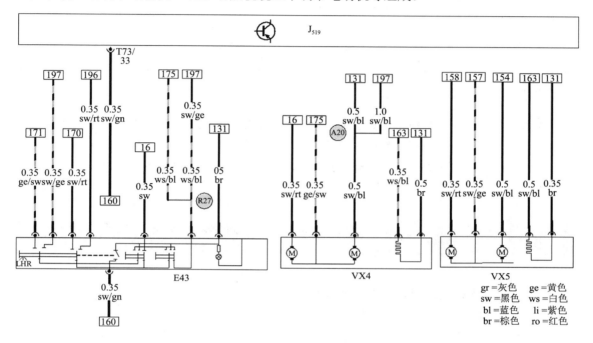

E43—电动后视镜操控开关；VX4—左后视镜左右调节电动机；VX5—右后视镜上下调节电动机

图 7-20　电动后视镜线路图

2. 电动后视镜常见故障与排除

（1）电动后视镜损坏检修

电动后视镜是车身两侧最外突的部件，通常易被外力所损坏，不管是在使用中还是在停放时都极易损坏。一旦外壳破损、镜面开裂，应及时更换新件，否则会影响驾驶安全。

（2）控制开关损坏检修

操纵控制开关时，镜面不能达到所需的位置，或镜面不工作，应先检查线路的通断，进而检查双电动机的工作情况和传动机构是否磨损、损坏等，有必要时更换新件。

（3）电动机损坏检修

从接线插头测量后视镜电压，即将后视镜调节开关打到相应挡位，如果电压正常，则可判断为电动机损坏，通常直接更换为新后视镜。

四、任务实施

操作实训轿车，验证电动后视镜故障，制订电动后视镜不工作故障的检修计划并实施，将检修记录填入表 7-11 中。

表 7-11　电动后视镜不工作故障检修记录

序号	作业内容	检查数据	分析	结论
1	检查保险			
2	检查后视镜插头电压			
3	检查后视镜开关			
4	更换后视镜			
5	验证故障排除效果			

小结

在本项目中，通过对辅助电器系统的学习，读者可掌握现代汽车辅助电器系统的结构、作用、类型与工作原理等理论知识，同时通过实施现代汽车辅助电器系统控制电路故障的诊断、检测、拆装与维修等过程，读者可具备对现代汽车辅助电器系统不工作或工作不正常等常见故障的分析与排除能力。

习　　题

1．雨刮器是如何实现断电后自动复位的？

2．简述更换雨刮片的基本步骤。

3．车窗升降器有哪些基本形式？

项目八
汽车空调系统与检修

【项目引入】

汽车空调系统即车内空气调节系统，其作用就是对车内温度、湿度及空气清洁度等进行调节、控制，并使气流以一定的速度在车室内定向流动和分配，从而给驾驶员和乘员提供舒适的环境及新鲜的空气，以减少驾驶员和乘员乘坐疲劳。同时，预防或去除风窗玻璃上的雾、霜、冰雪等，从而保证行车安全，改善驾驶员的劳动条件，并且有利于乘员的身体健康。

【学习目标】

微课

项目引入

1. 掌握两类汽车空调制冷系统主要零部件的构造与工作原理。

2. 掌握汽车空调系统的控制原理。

3. 掌握两类汽车空调系统使用与维护的基本方法。

4. 学会正确使用维修工具与维修设备。

5. 能够对汽车空调系统常见故障进行诊断。

6. 掌握汽车空调系统检修的基本方法。

任务一　传统汽车空调系统检修

一、理论知识准备

微课

汽车空调系统的
类型

1. 汽车空调系统概况

（1）汽车空调系统的类型

汽车空调系统按驱动方式的不同可分为非独立式和独立式两种。

① 非独立式汽车空调系统。这种汽车空调系统的制冷压缩机由汽车本身的发动机驱动，其制冷量小，一般多用于制冷量相对较小的小型客车、轿车和货车上。

② 独立式汽车空调系统。这种汽车空调系统的制冷压缩机由专用的空调发动机（也称为

副发动机）驱动，一般多用于大、中型客车上。

（2）汽车空调系统的组成

汽车空调系统主要由制冷系统、暖风系统、通
风净化系统和控制系统等组成，如图 8-1 所示。

2. 汽车空调系统的制冷

（1）汽车空调系统的制冷剂

制冷剂（俗称冷媒）是制冷系统中的一种工作

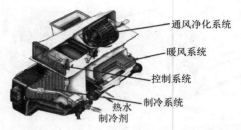

图 8-1　一般轿车空调系统的组成

介质，其通过自身"相态"的变化实现热交换，从而达到制冷的目的。汽车空调系统常用的
制冷剂有 R12 和 R134a 两种。

R12 是汽车空调系统中曾广泛使用的制冷剂，其化学式为 CF_2Cl_2，化学名称为二氟二氯
甲烷。该制冷剂的特点是无色、无刺激性臭味，一般情况下不具有毒性，对人体没有直接危
害，不燃烧、无爆炸危险，热稳定性好。由于 R12 对大气臭氧层有很强的破坏作用，因此，
在目前生产的汽车空调系统中 R12 已经被 R134a 所代替。

R134a 制冷剂是目前汽车空调系统中广泛使用的制冷剂，化学名称为四氟乙烷，化学式
为 CH_2FCF_3，又称无氟制冷剂。该制冷剂的特点：物理、化学性质稳定，安全性好，无色、
无味、不燃烧、不爆炸、无腐蚀性，在标准大气压下，温度在-26.15 ℃时开始蒸发为气体；
不破坏大气臭氧层，蒸发潜热高、定压比热容大，具有较好的制冷能力。

（2）汽车空调系统的冷冻润滑油

冷冻润滑油是制冷压缩机的专用润滑油，可以润滑制冷压缩机运动部件，保证制冷压缩
机的正常运转、可靠工作，并能延长其使用寿命。

冷冻润滑油具有以下作用：润滑、密封、冷却，以及减少制冷压缩机的噪声等。

3. 汽车空调制冷系统工作原理

汽车空调制冷系统采用蒸气压缩式制冷方式，即利用液态制冷剂汽化时会吸收周围热量
而对周围产生制冷效应。不同车型的空调制冷系统虽有所不同，但都是由压缩机、蒸发器、
冷凝器、膨胀阀、储液干燥器、高/低压区、鼓风机及控制电路等组成的，如图 8-2 所示。各
部件之间采用铜管（或铝管）和高压橡胶管连接成密闭系统。汽车空调制冷系统工作时制冷
剂以不同的状态在这个密闭系统内循环流动，每个循环由压缩、放热、节流和吸热 4 个过程
组成。

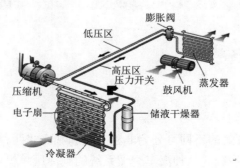

图 8-2　汽车空调制冷系统的组成

（1）压缩过程

压缩机吸入蒸发器出口处低温、低压（0 ℃，200 kPa 左右）的制冷剂气体，把它压缩成高温、高压（80 ℃，2 MPa 左右）气体并排出压缩机，然后送入冷凝器。此过程的主要作用是压缩、增压，使气体易于液化。在压缩过程中，制冷剂的状态不发生变化，而温度、压力不断升高，形成过热气体。

（2）放热过程

高温、高压的过热制冷剂气体进入冷凝器，压力及温度降低，当温度降低到 50℃ 左右时，制冷剂气体冷凝成液体，并放出大量的热量。此过程的作用是排热、冷凝。在放热过程中，制冷剂的状态发生变化，由气态逐渐向液态转变。冷凝后的制冷剂液体是中温、高压液体。制冷剂液体过冷，过冷度越大，吸热过程中其蒸发吸热的能力越强，制冷效果越好。

（3）节流过程

高温、高压的制冷剂液体通过膨胀阀后体积变大，压力和温度急剧下降，以雾状（细小液滴）排出膨胀阀。该过程的作用是使制冷剂降温、降压，由高温、高压液体迅速变成低温、低压液体，以利于吸热、控制制冷能力，以及维持汽车空调制冷系统的正常运行。

（4）吸热过程

雾状制冷剂液体进入蒸发器，因此时制冷剂液体的沸点远低于蒸发器内的温度，故制冷剂液体蒸发成气体。在蒸发过程中大量吸收周围的热量，而后低温、低压的制冷剂蒸气又进入压缩机。

上述过程周而复始，便可达到降低空气温度的目的。

二、任务组织

1. 任务目的与要求

（1）掌握汽车空调制冷系统制冷剂泄漏的检测手段和方法。

（2）掌握汽车空调制冷系统压力测量的方法。

（3）掌握汽车空调制冷系统制冷剂排放技术。

（4）掌握汽车空调制冷系统抽真空技术。

（5）掌握汽车空调制冷系统制冷剂充注技术。

（6）掌握汽车空调制冷系统冷冻润滑油加注技术。

（7）核心能力：能够进行汽车空调制冷系统的检查和故障判断。

2. 任务设备及工具

（1）空调性能良好的实训轿车或空调实验台。

（2）常用拆装工具一套。

（3）歧管压力表、电子检测仪等专用空调检修仪器。

（4）制冷剂、冷冻润滑油等材料。

3. 安全与环保教育

（1）正确进行实训轿车操作和汽车空调操作，由专人进行安全监督。

（2）进行空调检修操作时，必须避开旋转部件，以防伤人。

（3）按照环保的要求，制冷剂必须回收。

三、任务知识准备

1. 汽车空调系统维修操作注意事项

（1）作业环境

维修汽车空调系统时注意清洁和防潮，一定要防止污物、灰尘和水等进入系统内，要把机组周围和接头附近清洗干净，避免在雨天进行维修作业。

（2）制冷剂的使用

保存和搬运制冷剂罐时，应按要求存放，严禁直接对制冷剂罐加热或将制冷剂罐放在40℃以上的热水中。加注制冷剂时应戴护目镜，以免冻伤眼睛。

（3）歧管压力表的操作方法

发动机运转时，不可打开歧管压力表上的手动高压阀使制冷剂倒流入制冷剂罐内，否则会发生爆炸事故。在发动机运转过程中从低压侧加注气态制冷剂时，不可倒放制冷剂罐，以防压缩机"冲缸"。

（4）制冷系统拆卸

制冷系统拆卸管路后，应立即将管道或接头封住，以免湿气和灰尘进入。

2. 汽车空调制冷系统制冷剂泄漏的检测

（1）检漏部位。由于汽车行驶过程的颠簸和恶劣的天气，汽车空调制冷系统工作条件比较恶劣，极易造成部件、管道损坏和接头松动，使制冷剂发生泄漏。汽车空调制冷系统常发生泄漏的部位如表8-1所示。

表8-1　汽车空调制冷系统常发生泄漏的部位

部　件	常发生泄漏的部位
冷凝器	冷凝器进气管和出液管连接处； 冷凝器盘管
蒸发器	蒸发器进口管和出口管的连接处； 蒸发器盘管； 膨胀阀
储液干燥器	易熔塞； 管道接头喇叭口处
制冷剂管道	高、低压侧软管； 高、低压侧软管各接头处
压缩机	压缩机轴封； 压缩机吸、排气阀处； 前、后盖密封处； 与制冷剂管道接头处

（2）检漏方法。汽车空调制冷系统常用的几种检漏方法如下。

① 检查油迹。如果制冷剂泄漏，就会带出一些冷冻润滑油，所以系统中有油迹的地方一般都是泄漏的迹象。

② 肥皂液检漏。肥皂液检漏是一种简便、有效的方法：若零件、管路表面有油迹，要事先擦干净；然后把肥皂液涂在受检处，若检查接头处，要把接头整圈均匀涂上肥皂液；最后仔细、全面地观察，若有气泡或鼓泡，则可判为有泄漏。在汽车空调制冷系统低压侧检漏时，必须关机；在其高压侧检漏时，可关机，也可不关机。

③ 着色法。即用棉球蘸制冷剂专用着色剂检测，这种着色剂一遇到制冷剂就会变成红色，据此可以判定泄漏点。目前有些制冷剂溶有着色剂，使用这类制冷剂时，系统一旦发生泄漏，便会在泄漏点显示鲜艳的着色剂，可以据此方便地检测出泄漏部位。

④ 电子检测仪检漏。不同电子检测仪的操作略有差异，应按照电子检测仪说明书进行操作。使用电子检测仪时，应该注意以下内容。

接上电子检测仪电源，一般需要预热 10 min 左右；大部分电子检测仪有校核挡，在使用前应该确认校验正确，并使指示灯和警铃工作正常；将仪器调到所要求的灵敏度范围；检测时，探头要放到被检测的各方位，防止漏检；一旦查出泄漏部位，探头应立即离开，以免缩短仪器寿命。

3. 汽车空调制冷系统压力的测量

（1）连接压力表组

卸掉汽车空调制冷系统高、低压管路上的检修阀护帽；将压力表组高、低压手动阀都关闭，蓝色的低压侧软管接低压检修阀，红色的高压侧软管接高压检修阀。

（2）启动空调制冷系统检测其压力

起动发动机，调整发动机转速至 1250 r/min，启动空调制冷系统，将有关控制器调至最冷位置（风机亦应在最高速），按需求使发动机温度正常（约运行 5～10 min）后，进行检测。

（3）技术标准

R134a 空调制冷系统压力正常范围，压力表的读数：低压侧压力为 0.15～0.25 MPa，高压侧压力为 1.37～1.57 MPa。R12 空调制冷系统压力正常范围，压力表的读数：低压侧压力为 0.15～0.20 MPa，高压侧压力为 1.45～1.50 MPa。

（4）结果分析

① 压力表的读数，高、低压侧压力均很低，说明制冷剂不足。如空调制冷系统工作一段时间出现此现象，可能系统内某处出现泄漏，必须找出泄漏点并加以排除。

② 压力表的读数，高、低压侧压力均过高，很可能是制冷剂过多引起的，应从低压侧放出一部分制冷剂，直到压力表显示为规定压力值为止。如开始时正常，后来出现上述现象，可能是由于冷凝器散热差造成的，可检查冷凝器散热片是否堵塞、风扇皮带是否过松、风扇转速是否正常等，并予以排除。

③ 经上述方法排除后，高、低压侧压力还是很高，可能是在加注制冷剂过程中没有将空气抽尽，空调制冷系统内有空气，可采用更换干燥剂、重新加注制冷剂等方法来排除。

④ 压力表的读数，低压侧压力偏高，高压侧压力偏低，如增加发动机转速时，高、低压侧压力变化都不大，这种情况一般是由压缩机工作不良造成的，应检查压缩机内阀片是否损坏、活塞及环是否磨损，并予以排除。

⑤ 压力表的读数，低压侧出现真空，高压侧压力过低，这种情况多出现在膨胀阀感温包内的制冷剂完全泄漏，从而使膨胀阀打不开、制冷剂不流动、空调制冷系统不能制冷等。排

除办法是更换或拆修膨胀阀。

⑥ 将测量结果填入表 8-3 中，并进行分析。检测完后，关掉发动机，卸掉压力表组，把检修阀的护帽旋回。

4. 汽车空调制冷系统故障分析

汽车空调制冷系统故障分析一般包括对系统内各部分的压力进行分析，对制冷效果、制冷剂泄漏进行分析，对汽车电器系统进行分析等，如表 8-2 所示（对汽车空调制冷系统常见故障进行分析、判断故障时，可供参考）。

表 8-2　汽车空调制冷系统故障分析

故障	部位							排气
	低压侧压力	高压测压力	视液玻璃窗	吸气管路	储液干燥器	液体管路	输出管路	
制冷剂不足	非常低	非常低	清晰	微冷	微温	微温	微温	温
制冷剂泄漏	低	低	有气泡	冷	温至热	温	温至热	微凉
压缩机故障	高	低	清晰	冷	温	温	温	微凉
冷凝器工作不正常	高	高	清晰或偶有气泡	微凉至温	热	热	热	温
膨胀阀卡在开启位置	高	高或正常	清晰	冷、结霜或出汗	温	温	热	微冷
冷凝器和膨胀阀之间有阻塞	低	低	清晰	冷	冷、出汗或结霜	冷、出汗或结霜	阻塞点前热	微冷
压缩机与冷凝器之间有阻塞	高	高、正常或低	清晰	微冷至温	温和热	温和热	热	温
膨胀阀卡在关闭位置	低	低	清晰	阀出口处出汗、结霜	温	温	热	微冷
正常工作情况	正常	正常	清晰	冷或轻微出汗	温	温	热	冷

5. 汽车空调制冷系统制冷剂排放技术

在检修汽车空调制冷系统时，发现系统制冷剂过多，要排放一些制冷剂；维修或更换时，必须排放制冷剂。制冷剂的排放有两种方法：一是把制冷剂排放到大气中，此方法污染环境、浪费资源；二是回收制冷剂，此方法较好，但是要有回收装置。

（1）制冷剂的排放。排放制冷剂时，周围环境一定要通风良好，不要接近明火，否则会产生有毒的气体。制冷剂排放的步骤如下。

① 关闭"表阀"中的高、低压手动阀，按图 8-3 所示接好管路，然后将各个控制器调到冷气温度最冷的位置，发动机转速调到 1000～2000 r/min，并运行 10～15 min。

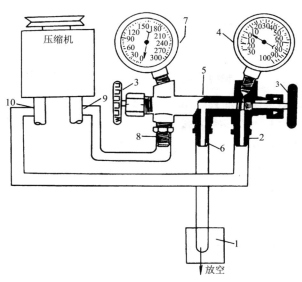

1—集油罐；2—低压管；3—手阀；4—低压表；5—表阀；6—中间管；7—高压表；

8—高压管；9—排气口；10—吸气口

图 8-3　制冷剂的排放

② 松开油门，使发动机恢复正常怠速状态，关闭发动机。

③ 缓慢打开高压手动阀，在软管出口处盖上一块白毛巾，观察毛巾上有无油污，调节制冷剂的流量。

④ 在高压表读数降到 0.35 MPa 以下时，缓慢打开低压手动阀。

⑤ 当系统压力下降时，逐渐打开高压和低压手动阀，直到两者压力表的读数达到 0 MPa 为止，关闭高、低压手动阀。

（2）制冷剂的回收。目前有 R12 和 R134a 两种回收装置，或同一装置中有两套管路，分别供 R12 和 R134a 回收使用，它们的操作方法不完全相同，但基本方法如下。

① 把回收装置上的低压管口接头和高压管口接头连接至汽车空调制冷系统，连接前要弄清楚汽车空调制冷系统所使用的制冷剂类型。

② 把回收钢瓶与回收装置连接起来，注意要排除软管中的空气。

③ 接上电源，打开主电源开关。

④ 按下回收启动开关，回收装置开始从车辆上回收制冷剂。

⑤ 当汽车空调制冷系统压力下降到 0.3 MPa 时，回收装置自动关闭，指示灯熄灭。

⑥ 关闭制冷剂上的阀门，切断总电源，卸下连接管路。

6. 汽车空调制冷系统抽真空技术

抽真空是为了排除汽车空调制冷系统内的空气和水分，它是空调维修中一项极为重要的工序。抽真空并不能直接把水分抽出汽车空调制冷系统，而是产生真空后降低了水的沸点，水汽化成蒸气后被抽出汽车空调制冷系统。因此，系统在抽真空时，时间越长，系统内残余的水分就越少。为最大限度地将系统内的空气及湿气抽出，必要时采用重复抽真空法，即第一次抽真空完毕后，再连续抽真空 30 min 以上。

图 8-4 所示为轿车空调制冷系统抽真空管路连接方法，具体操作过程如下。

（1）将歧管压力表上的两根高、低压力侧软管分别与压缩机上的高、低压阀接口相连；将歧管压力表上的中间软管与真空泵相连。

（2）打开歧管压力表上的高、低压手动阀，启动真空泵，并注意两个压力表，将系统压力抽真空至约 100 kPa。

（3）关闭歧管压力表上的高、低压手动阀，观察压力表指示压力是否回升。若回升压力大于 3.4 kPa，则表示系统泄漏，此时应对管路进行检漏和修补。若压力表指针保持不动，则打开高、低压手动阀，启动真空泵继续抽真空 30 min 以上，使其真空压力表指针稳定。

（4）关闭歧管压力表上的高、低手动压阀。

（5）关闭真空泵。先关闭高、低压手动阀，然后关闭真空泵，目的是防止空气进入汽车空调制冷系统。

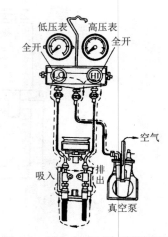

图 8-4　轿车空调制冷系统抽真空管路连接方法

7. 汽车空调制冷系统制冷剂充注技术

当汽车空调制冷系统抽真空达到要求，且经检漏确定汽车空调制冷系统不存在泄漏部位后，即可向汽车空调制冷系统充注制冷剂。充注前，先确定注入制冷剂的量，充注量过多或过少，都会影响空调制冷效果。维修手册或压缩机的铭牌上一般都标有所用的制冷剂种类及其充注量。

充注制冷剂的方法有两种。一种是从压缩机排气阀（高压阀）的旁通孔（多用通道）充注，称为高压端充注，充注的是制冷剂液体，其特点是安全、快速，适用于汽车空调制冷系统的第一次充注，即经检漏、抽真空后的系统充注。但用该方法时必须注意，充注时不可开启压缩机（发动机停转），且制冷剂罐要求倒立。另一种是从压缩机吸气阀（低压阀）的旁通孔（多用通道）充注，称为低压端充注，充注的是制冷剂气体，其特点是充注速度慢，通常在系统补充制冷剂的情况下使用。

（1）高压端充注制冷剂

① 当系统抽真空后，关闭歧管压力表上的高、低压手动阀。将歧管压力表与系统连接。

② 将歧管压力表上中间软管的一端与制冷剂罐注入阀的接头连接起来，如图 8-5 所示，打开制冷剂罐开关，再拧开歧管压力表软管一端的螺母，让气体溢出几分钟，排出空气，然后拧紧螺母。

③ 拧开高压手动阀至全开位置，将制冷剂罐倒立，以便从高压侧充注制冷剂液体。

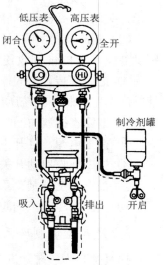

图 8-5　高压端充注制冷剂

④ 从高压侧充注规定量的制冷剂液体。充注结束后，关闭制冷剂罐注入阀及歧管压力表上的高压手动阀，然后将仪表卸下。

⑤ 复原所有保护帽和保护罩。特别要注意，从高压侧向系统充注制冷剂时，发动机处于不起动状态（压缩机停转），更不可拧开歧管压力表上的低压手动阀，以防止产生液压冲击。

另外，如果低压表不从真空量程移动到压力量程，则表示系统堵塞。应按要求消除堵塞，然后重新对系统抽真空并继续充注制冷剂。

（2）低压端充注制冷剂

① 按图 8-6 所示，将歧管压力表连接于空调制冷系统检修阀上，连接好中间注入软管与制冷剂罐。

② 打开制冷剂罐开关。关闭高、低压手动阀，拆开高压端检修阀和胶管的连接，然后打开高压手动阀，再打开制冷剂罐开关。在胶管口听到制冷剂蒸气出来的"嘶嘶声"后，立即将软管与高压检修阀相连，关闭高压手动阀。用同样的方法排除低压端和管路中的空气，然后关闭高、低压手动阀。

③ 打开低压手动阀。让制冷剂进入汽车空调制冷系统，当系统压力达到 0.4 MPa 时，关闭低压手动阀。

④ 起动发动机并将转速调整到 1250 r/min 左右，将空调开关接通，并将风机开关置于高速、调温开关调到最冷。

⑤ 打开歧管压力表上的低压手动阀。让制冷剂继续进入汽车空调制冷系统，直至充注量达到规定值时，立即关闭低压手动阀。

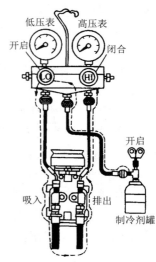

图 8-6　低压端充注制冷剂

⑥ 在向系统中充注规定量制冷剂后，从视液玻璃窗处观察，确认系统内无气泡、无过量制冷剂。随后将发动机转速调整到 2000 r/min，冷风机风量开到最大，若气温为 30～35 ℃，此时，高压表值应为 1.3～1.6 MPa，低压表值应为 0.14～0.19 MPa。

⑦ 充注完毕后，先关闭歧管压力表上的低压手动阀，关闭制冷剂罐开关，使发动机停止运转，将歧管压力表从压缩机上卸下，卸下时动作要迅速，以免过多制冷剂排出。

⑧ 装回所有保护帽和保护罩。

8. 汽车空调制冷系统冷冻润滑油加注技术

汽车空调制冷系统大修后，压缩机的冷冻润滑油需要按照规范加注，平时也要定期检查，发现减少时必须及时补充。

（1）冷冻润滑油量的检查

冷冻润滑油量的检查方法有以下两种。

① 观察油尺。如图 8-7 所示，卸下加油塞，通过加油孔查看并旋转离合器前板，用棉纱把油尺擦干净，然后插到压缩机内，直到油尺端部碰到压缩机内壳体为止，取出油尺，观察油尺浸入深度，当加油合适时，压缩机内油面应为前 4～6 格，若少则加入，若多则放出，然后拧紧加油孔塞。

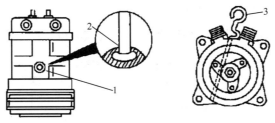

1—加油塞；2—加油孔；3—油尺

图 8-7　空调压缩机冷冻润滑油量的检查

② 观察视镜。通过压缩机上安装的视镜玻璃，可观察冷冻润滑油量，如果压缩机冷冻润滑油面达到观察高度的 80%，一般认为是合适的；如果油面在这个界限以下，则应该添加；如果油面在这个界限以上，则应该放出多余的冷冻润滑油。

（2）冷冻润滑油的加注

补充冷冻润滑油的方法有两种，即直接加入法和真空吸入法。

直接加入法是将冷冻润滑油按标准称好量，直接加入压缩机内，这种方法只在系统大修后采用。

真空吸入法是在抽真空后添加冷冻润滑油，其设备连接如图 8-8 所示，操作步骤如下。

① 按抽真空的方法先对制冷系统抽真空。

② 选用一个带有刻度的注油器，其上面有一个加油旋塞和一个放油阀。盛入比要补充的冷冻润滑油量还要多一些的冷冻润滑油。

③ 将注油器接在表阀的低压接口和制冷系统的低压检修阀之间。

④ 启动真空泵，打开注油器上的放油阀，补充的冷冻润滑油就从制冷系统的低压侧进入压缩机，当冷冻润滑油达到规定量时，停止真空泵，并关闭放油阀。

⑤ 拆下注油器，把低压侧软管接在制冷系统的低压气门阀，接着对系统进行抽真空，加注制冷剂。

冷冻润滑油使用完后，须及时盖严油瓶口，并擦干净系统上的油迹。更换新的压缩机时，一般其里面已有冷冻润滑油，不用再加。

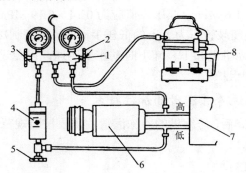

1—表阀；2—高压手动阀；3—低压手动阀；4—注油器；5—放油阀；6—压缩机；7—制冷系统；8—真空泵

图 8-8 使用真空吸入法加注冷冻润滑油

四、任务实施一

1. 使用电子检测仪对空调制冷系统检漏

起动车辆，按照工艺要求进行汽车空调制冷系统泄漏检测，并将泄漏结果填入表 8-3 中。

表 8-3 汽车空调制冷系统泄漏记录

序号	部件	泄漏位置	泄漏结果	备注
1	冷凝器	冷凝器进气管和出液管连接处		
		冷凝器盘管		

续表

序号	部件	泄漏位置	泄漏结果	备注
2	蒸发器	蒸发器进口管和出口管连接处		
		蒸发器盘管		
		膨胀阀		
3	储液干燥器	易熔塞		
		管道接头喇叭口处		
4	制冷剂管路	高、低压侧软管		
		高、低压侧软管各接头处		
5	压缩机	与制冷剂管道接头处		
		压缩机轴封		
		压缩机吸、排气阀处		
		前、后盖密封处		

2. 汽车空调制冷系统压力的测量

起动车辆，按照工艺要求对汽车空调制冷系统进行压力测量，并将测量过程和结果填入表 8-4 中。

表 8-4 汽车空调制冷系统压力测量

序号	操作项目	检测数据	结果分析	结论
1	起动车辆测发动机怠速			
2	压力表组检查与连接			
3	高压侧压力/MPa			
4	低压侧压力/MPa			
5	关闭发动机，检修阀复原			

空调制冷系统技术标准如下。

R134a 空调制冷系统压力正常范围，压力表的读数：低压侧压力为 0.15～0.25 MPa，高压侧压力为 1.37～1.57 MPa。

R12 空调制冷系统压力正常范围，压力表的读数：低压侧压力为 0.15～0.20 MPa，高压侧压力为 1.45～1.50 MPa。

五、任务实施二

1. 汽车空调制冷系统制冷剂的排放与回收

起动车辆，按照工艺要求进行汽车空调系统制冷剂的排放与回收，并将操作过程和结果填入表 8-5 中。

表 8-5　汽车空调系统制冷剂的排放与回收记录

序号	操作项目	操作内容	检查	要求、结论
1	制冷剂排放	关闭表阀高、低压手动阀		
		打开高压手动阀		怠速正常时进行
		观察高压表读数		降到 0.35 MPa
		打开低压手动阀		
		观察高、低压表读数		达到 0 MPa
2	制冷剂回收	回收装置上低压管口接头和高压管口接头连接制冷系统		注意制冷剂类型
		接上电源开始回收		
		回收结束自动关闭		

2. 汽车空调制冷系统的抽真空与冷冻润滑油加注

按照工艺要求进行汽车空调制冷系统的抽真空和冷冻润滑油加注，并将操作过程和结果填入表 8-6 中。

表 8-6　抽真空与冷冻润滑油加注操作记录

序号	操作项目	操作内容	检查	要求、结论
1	汽车空调制冷系统抽真空	将歧管压力表连接压缩机和真空泵		
		打开歧管压力表上的高、低压手动阀，启动真空泵		压力 100 kPa 以下
		关闭歧管压力表上的高、低压手动阀，观察压力表		压力保持不变
		关闭歧管压力表上的高、低压手动阀		
2	用真空吸入法加注冷冻润滑油	制冷系统抽真空		接上
		观察油尺和视镜		80%以上合格
		将注油器接在表阀的低压接口和制冷系统的低压检修阀之间		
		启动真空泵，打开注油器的放油阀		
		拆下注油器		

3. 汽车空调制冷系统制冷剂的低压充注

按照工艺要求进行汽车空调制冷系统制冷剂的低压充注，并将操作过程和结果填入表 8-7 中。

表 8-7　制冷剂的低压充注操作记录

序号	操作项目	操作内容	检查	要求、结论
1	连接歧管压力表与压缩机和制冷剂罐	如图 8-6 所示		

续表

序号	操作项目	操作内容	检查	要求、结论
2	准备充注	关闭高、低压手动阀		
		拆开高压端检修阀和胶管的连接		
		打开制冷剂罐开关和高、低压手动阀		发出"嘶嘶声"（排气）
		立即将软管与高压检修阀相连		
		关闭高压手动阀		
3	低压充注	打开低压手动阀，让制冷剂进入制冷系统		
		关闭低压手动阀		压力为 0.4 MPa 时
		起动发动机并将转速调整到 1250 r/min 左右，将空调开关接通，并将风机开关置于高速、调温开关调到最冷		空调工作
		打开歧管压力表上的低压手动阀		充注
		充注后检查气窗和压力		
4	充注后检查	从视液玻璃窗处观察		无气泡
		发动机转速调整到 2000 r/min，冷风机风量开到最大，检查高、低压值		高压值为 1.3 ~ 1.6 MPa，低压值为 0.14 ~ 0.19 MPa
		关闭低压手动阀和制冷剂罐开关		
		关闭空调和发动机		

任务二　电动汽车空调制冷系统检修

一、理论知识准备

电动汽车空调制冷系统与传统燃油汽车空调制冷系统基本相同，主要由电动压缩机、PTC（Positive Temperature Coefficient，正温度系数）加热器、冷凝器、蒸发器、冷却风扇、膨胀阀及高、低压管路附件等组成。

两种空调制冷系统的主要区别在于：新能源纯电动汽车空调制冷系统所使用的核心部件——压缩机失去了传统燃油汽车上的动力来源，所以只能由电动汽车自己的动力电池来驱动，因此需在压缩机中增加驱动电机，驱动电机与压缩机的结合，即电动压缩机。空调暖风不是由发动机预热产生的，而是由动力电池为 PTC 加热器提供电能产生的。

1. 电动汽车空调制冷系统结构组成

电动汽车空调制冷系统由电动压缩机、冷凝器、蒸发器（含膨胀阀）、高/低压管路、控制面板等部件组成。通过高、低压金属管道依次相互连接成密封循环系统，相关辅助部件如冷却风扇、鼓风机、储液干燥器、通风管道和风门执行机构等配合工作。

（1）电动压缩机

电动压缩机用于提高循环系统中制冷剂的压力，使其便于液化。电动汽车空调制冷系统

压缩机的驱动方式由发动机驱动变为电力驱动，取消了
皮带轮。采用这种驱动方式的电动机通常和压缩机组
合、装配在一起，形成全封闭的结构，如图 8-9 所示，
具有体积小、效率高等优点。由于使用同一根轴来驱动，
因此可以通过调节电动机转速来改变压缩机转速，从而
实现对压缩机排量以及制冷量的灵活控制。电动汽车空
调制冷系统大多采用涡旋式压缩机，相比于其他类型的
压缩机（如斜盘式和叶片式压缩机），涡旋式压缩机具
有使用寿命长、噪声低、工作效率高、转速高，以及外形尺寸小等优点。

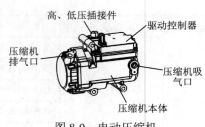

图 8-9　电动压缩机

（2）冷凝器

冷凝器是由管子与散热片组合而成的热交换器，用于将气态制冷剂转化为液态制冷剂，
并放出热量，需有冷凝风扇配合其工作，以及时将热量吹出去。常见的冷凝器结构形式主要
有两种：一种是管片式，一般用在大中型客车的制冷系统中，其优点是结构比较简单、加工
方便，但散热效果差；另一种是管带式，管带式冷凝器的散热效果比管片式的好，但工艺复
杂、焊接难度大，且对材料要求高，一般用在小型汽车的制冷系统中。

（3）储液干燥器

储液干燥器位于冷凝器和蒸发器中间，由外壳、视液玻璃窗、安全熔塞、干燥剂、过滤
器、管接头等组成，用于吸收制冷剂中的水分、过滤制冷剂中的杂质、储存多余的制冷剂，
并通过易熔塞或熔断器设置，起到安全保护的作用。

（4）膨胀阀

制冷系统的膨胀阀有以下两个作用。

节流作用：高温、高压的液态制冷剂经过膨胀阀的节流孔节流后，成为低温、低压的雾
状液压制冷剂，可为制冷剂的蒸发创造条件。

控制制冷剂的流量：膨胀阀可控制制冷剂的流量，保证蒸发器的出口完全为气态制冷剂。
若制冷剂流量过大，出口会含有液态制冷剂，其进入压缩机后可能会产生液击；若制冷剂流
量过小，导致其提前蒸发完毕，则会造成制冷不足。

（5）蒸发器

蒸发器也是一种热交换器，用于将制冷剂由液态转化为气态，以吸收车
内热量，其与鼓风机配合工作。按照结构不同，蒸发器可分为管片式、管带
式和层叠式。当前，小型汽车上大多使用的是全铝层叠式蒸发器和管带式蒸
发器，中型客车以管带式结构为主。

微课

电动汽车空调制
冷系统工作原理

2. 电动汽车空调制冷系统工作原理

电器控制系统是电动汽车空调制冷系统的控制核心，通过检测室外空气的温度、制冷剂
压力状态来控制压缩机的启动和停止。制冷系统控制原理如图 8-10 所示。电源状态处于
"ON" 时，按下空调控制面板 A/C 开关按键，该按键信号通过空调控制面板总成送至 VCU
（Vehicle Control Unit，整车控制器）。当室外温度传感器检测到室外温度高于 5 ℃，蒸发器温
度传感器检测到蒸发器温度高于 0 ℃且空调高低压管路压力正常时，VCU 通过 CAN
（Controller Area Network，控制器局域网络）线将压缩机目标转速信号发送至压缩机控制器，

从而使压缩机控制器控制电动压缩机开始运转。压缩机控制器根据 VCU 通过 CAN 通信传递的信息，对电动压缩机转速进行控制。室外的温度越高，电动压缩机转速越快；蒸发器温度越低，电动压缩机转速越慢，甚至停机。

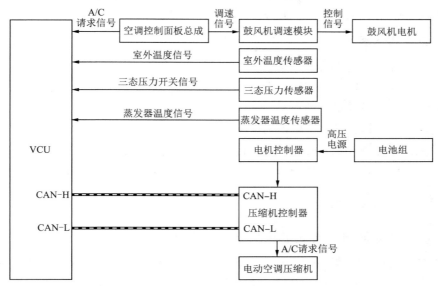

图 8-10 制冷系统控制原理

制冷系统工作时，制冷剂的一个循环主要经历 4 个工作过程：压缩过程、放热过程、节流过程、吸热过程。图 8-11 所示为制冷循环的工作过程及制冷剂的状态变化。

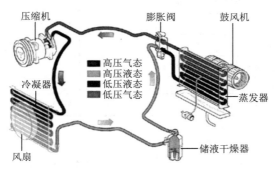

图 8-11 制冷循环的工作过程及制冷剂的状态变化

电动汽车空调制冷系统是通过制冷剂在制冷系统中循环流动，实现制冷剂状态的变化，来达到制冷效果的。电动汽车空调制冷系统所采用的制冷剂和传统汽车空调制冷系统所采用的制冷剂是一样的。

二、任务组织

1. 任务目的与要求

（1）掌握电动汽车空调制冷系统不能制冷故障的诊断与维修方法。

（2）熟悉电动汽车空调制冷系统检修前的准备工作。

（3）了解电动汽车空调制冷系统工作原理。

2. 任务设备及工具

（1）空调性能良好的实训用电动汽车空调实训台。

（2）常用拆装工具一套，万用表一支、汽车诊断仪一个、环境测试仪一个。

（3）歧管压力表、电子检测仪等专用空调检修仪器。

3. 安全与环保教育

（1）指导教师满足监督人员资质。

（2）实训场地满足电动汽车高压操作的场地要求。

（3）安全防护装备满足电动汽车高压操作的场地要求。

（4）电动汽车空调实训台上电前需检查，检查内容如下：①检查各器件是否安装稳固，压缩机、冷凝器固定螺栓是否有松动；②检查 220V 供电端是否出现线路断路、短路、漏电等损坏问题；③检查各电器插口是否牢固，检查各连接线束是否连接正确。

三、任务知识准备

1. 电动汽车空调制冷系统不能制冷故障原因分析

电动汽车空调制冷系统不能制冷的故障原因可以分为以下几类：一是制冷剂问题，二是制冷系统零部件问题，三是控制电路开关、传感器问题，四是控制器问题。具体如表 8-8 所示。

表 8-8　电动汽车空调制冷系统不能制冷故障原因分析

序号	故障原因	序号	故障原因
1	制冷剂加注过多或过少、发生泄漏	6	蒸发器翅片表面结霜过多
2	压缩机损坏	7	通风管道严重堵塞或龟裂
3	压缩机控制器故障	8	冷却风扇故障
4	冷凝器灰尘过多或有异物，不利于正常散热	9	蒸发器温度传感器故障
5	三态压力开关损坏	10	VCU 故障

2. 故障诊断流程

电动汽车空调制冷系统结构复杂、接头管线多、运行环境恶劣，因此对于制冷系统故障的诊断应遵循"先全局后局部"的原则。具体来说，就是先从系统着手进行判断，然后确定某部件故障。下面以新能源电动汽车空调制冷系统运行与故障诊断实验实训平台为例，介绍电动汽车空调制冷系统不能制冷故障的具体诊断流程，如表 8-9 所示。

表 8-9　电动汽车空调制冷系统不能制冷故障的具体诊断流程

序号	操作步骤	检查结果	后续步骤
1	设备供电： a. 将 220 V 供电插头插入室内插座并合上空气开关； b. 闭合蓄电池刀闸开关； c. 点火开关处于"ON"； d. 万用表测量高、低压供电端是否供电	是	去步骤 2

续表

序号	操作步骤	检查结果	后续步骤
2	诊断仪检查： a. 连接诊断仪； b. 操纵 A/C 开关、温度选择旋钮，读取制冷系统数据流，检查制冷系统数据流是否正常	是	去步骤 3
		否	根据相关资料查询制冷系统数据流是否正常
3	检查制冷剂： 检查制冷剂是否充足	是	去步骤 4
		否	检修相关故障
4	检查冷凝器： 目视检查冷凝器表面是否过脏	是	清洗冷凝器表面
		否	去步骤 5
5	检查蒸发器： 检查蒸发器表面是否结霜过多	是	清洗蒸发器表面
		否	去步骤 6
6	检查压缩机控制器保险丝： a. 电源状态处于"OFF"； b. 从设备电器保险盒中取出压缩机控制器保险丝； c. 检查压缩机控制器保险丝是否熔断（10 A）	是	更换相同规格的压缩机控制器保险丝
		否	去步骤 7
7	检查压缩机控制器电源线路： a 电源状态处于"OFF"； b 断开压缩机控制器接插件； c. 电源状态处于"ON"； d. 检查压缩机控制器接插件的 6 号端子与接地点之间的电压值是否正常（电压值：蓄电池电压）	是	去步骤 8
		否	检修故障线束
8	检查压缩机控制器接地线路： a. 电源状态处于"OFF"； b. 断开压缩机控制器接插件； c. 检查压缩机控制器接插件的 3 号端子与接地点之间是否导通	是	去步骤 9
		否	检修故障线束
9	检查三态压力开关： a. 电源状态处于"OFF"； b. 断开三态压力开关接插件和 VCU 接插件； c. 检查三态压力开关接插件的 1、2 号端子与 VCU 接插件的 11、4 号端子之间是否导通； d. 检查三态压力开关 ER08 的 3、4 号端子与接地点之间是否导通	是	去步骤 10
		否	检修故障线束
10	检查蒸发器温度传感器： a. 电源状态处于"OFF"； b. 断开蒸发器温度传感器接插件； c. 检查蒸发器温度传感器两端的电阻是否导通	是	根据其他原因分析
		否	检修线束或更换蒸发器温度传感器

| 173 |

四、任务实施

通过对电动汽车空调制冷系统不能制冷故障进行诊断，读者能够了解电动汽车空调制冷系统的诊断流程，并学会合理地选择和使用相关仪器设备，完成制冷系统的故障诊断与维修作业。本任务首先主要由监督人员利用新能源电动汽车空调制冷系统运行与故障诊断实验实训平台对制冷系统不能制冷故障进行模拟设置，要求操作人员基于实验实训平台开展电动汽车空调制冷系统不能制冷故障的诊断及维修作业。

具体实验步骤如下。

1. 监督人员设置制冷系统不能制冷故障中的一个或多个。
2. 操作人员按照故障诊断流程使用相关的专业设备进行故障的检查和排除。
3. 排除故障，检查制冷系统是否能够正常制冷。
4. 循环进行 1、2、3 步骤，直到排除所有故障。
5. 收拾设备，将制冷系统不能制冷故障诊断记录填入表 8-10 中。

表 8-10　制冷系统不能制冷故障诊断记录

项目	故障设置名称		故障一	故障二	故障三
制冷系统不能制冷故障诊断	故障检查及排除	检查内容			
		检查结果			
		数据记录			
	故障清除及验证	清除故障	故障一	故障二	故障三
		上电验证	□能制冷 □不能制冷	□能制冷 □不能制冷	□能制冷 □不能制冷
		得出结论			

任务三　电动汽车空调制热系统维护

一、理论知识准备

目前，国内外的电动汽车空调制热系统方案主要包括 PTC 电加热器式暖风系统、热泵型冷暖空调系统、利用驱动电机冷却液余热、PTC 辅助制热空调系统、燃料加热及储能器加热等几种，前 3 种应用较多。

1. PTC 电加热器式暖风系统

采用 PTC 电辅加热，是目前解决电动汽车空调制热系统的冬季采暖问题时比较普遍的做法。PTC 加热陶瓷新材料具有恒温加热、无明火、热转换率高、受电源电压影响极小、自然寿命长等传统发热元件无法比拟的优势，是目前新能源汽车十分常用的一种制热方式。某电动汽车 PTC 电加热器式暖风系统示意如图 8-12 所示。

微课

PTC 电加热器式暖风系统

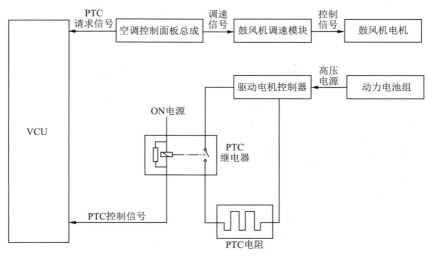

图 8-12 某电动汽车 PTC 电加热器式暖风系统示意

某电动汽车 PTC 电加热器式暖风系统包括空调控制面板总成、鼓风机调速模块、鼓风机电机、驱动电机控制器、PTC 继电器、PTC 电阻、动力电池组及整车控制器（VCU）。下面对各组成部分的功能分析如下。

（1）供电能源：动力电池组提供能源，驱动电机控制器提供 PTC 继电器高压侧电源通路。

（2）加热控制器：VCU 控制加热系统，PTC 继电器是高压继电器，是执行零部件。

（3）风速控制：空调控制面板总成、鼓风机调速模块和鼓风机电机与制热系统共同作用，实现风速控制功能。

（4）热源：加热 PTC 电阻产生热量，PTC 电阻是制热系统的核心零部件。

电流通过 PTC 热敏元件后引起温度升高，即发热体的温度上升，当超过居里温度后，电阻增加，从而限制电流增加，而后电流的下降又导致元件温度降低，电阻随之减小，电路电流又增加，元件温度再升高，此过程周而复始。

电动汽车空调制热系统 PTC 加热器如图 8-13 所示。

图 8-13 电动汽车空调制热系统 PTC 加热器

2. 热泵型冷暖空调系统

热泵型冷暖空调系统与普通的家用空调系统比较相似，压缩机都是由电动机直接驱动的，控制系统原理和执行机构也基本类似。热泵型冷暖空调系统是对普通家用空调系统使用场合的一种扩展。它们的不同点是家用空调系统使用工频交流电源，热泵型冷暖空调系统使用动力电池作为电源。

热泵型冷暖空调系统的制热效果较制冷效果差，需要的空间较大，由于电动客车空间大，所以其多用于电动客车。

热泵型冷暖空调系统的制热效果较差，为了弥补这一缺陷，可采用辅助电加热方法，也就是当制热效果达不到要求时，可采用 PTC 电加热器式暖风系统与热泵型冷暖空调系统共同制热的方法。

3. 利用驱动电机冷却液余热

对纯电动和混合动力汽车来说，驱动电机的冷却是必不可少的。对于微混和轻混动力汽车，驱动电机可以采用风冷。但是，对于中混及以上的重混和纯电动汽车，驱动电机需采用液冷才能达到较好的冷却效果。因此，利用驱动电机或混合动力、增程式电动汽车发动机冷却液余热作为电动汽车空调制热系统的热源是完全可行的。

二、任务组织

1. 任务目的与要求

（1）了解电动汽车空调制热系统维护的具体方法。
（2）明确电动汽车空调制热系统良好的具体表征。
（3）学会合理地选择和使用相关仪器设备。

2. 任务设备及工具

（1）空调性能良好的实训轿车或空调实验台。
（2）常用检测工具一套，清洁剂、干抹布若干。

3. 安全与环保教育

（1）实训场地满足电动汽车高压操作的场地要求。
（2）安全防护装备满足电动汽车高压操作的要求。

三、任务知识准备

1. PTC 电加热器维护

电动汽车热工况通常只出现在冬天，夏天时基本不用，因此，PTC 电加热器具有显著的季节性维护要求，具体要求如下。

（1）长时间使用的 PTC 电加热器可能会积碳，积碳过多会导致热效率降低。因此，电动汽车取暖器运转一段时间后，要取出挥发网清理积碳。

（2）长时间使用的 PTC 电加热器可能产生发热丝烧断问题，直接导致发热效果变差。因此，需要检查发热丝是否烧断。检查时，按照 PTC 电加热器参数检测各个节点的电阻，若超出误差范围则说明出现烧断问题，需要采用同类参数的 PTC 电加热器以进行更换。

（3）长时间不使用的 PTC 电加热器可能产生积累灰尘等问题，若灰尘积累，加热时会造成灰尘燃烧。因此，冬季来临时需要进行除尘维护。

（4）若采用液体散热，水箱、水管及滤水装置应保持清洁和畅通，根据实际情况定期检查是否有泄漏问题。

（5）电动汽车取暖器循环系统中应使用与环境温度相适应的防冻液或防冻液混合物作冷却液介质。

2. 风道维护

风道是汽车空调系统中制冷和制热空气的通道，连接空调器与出风口。风道出风口的布置、大小和形式直接影响车内气流速度、流动方向及流场组织，从而对汽车空调系统性能、车内安静程度及乘客舒适性产生相当重要的影响。因此，需要定期清理风道。

（1）检查风道是否发生堵塞，若发生堵塞必须进行彻底清理。

（2）填写如表 8-11 所示的电动汽车空调制热系统维护记录。

3. 高压线束维护

电动汽车空调制热系统高压线束与其他高压线束一样要传输高压电能，此外，由于制热系统连接发热体，因此，与其他高压零部件相比，高压线束更容易老化，必须定期对其进行维护。

（1）检查高压线束有无磨损，若磨损应进行更换。

（2）检查高压线束有无松动，若松动应进行固定。

（3）对高压线束接头进行维护，检查其有无松动，若松动，需紧固。

四、任务实施

通过开展电动汽车空调制热系统维护实验，读者能够了解电动汽车空调制热系统维护的具体方法，明确电动汽车空调制热系统良好的具体表征，并学会合理地选择和使用相关仪器设备。按照表 8-11 所示内容实施作业，完成要求测试的各项内容，并在实训工单中填写相关数据和记录。

表 8-11　电动汽车空调制热系统维护记录

序号	作业项目	作业内容	检查结果	作业要求	备注
1	PTC 电加热器维护	检查是否出现积累灰尘问题	□正常 □异常	若出现积累灰尘问题需清理	
		检查是否积碳过多	□正常 □异常	若积碳过多需取出挥发网清理积碳	
		检查发热丝是否烧断	□正常 □异常	若出现烧断问题，采用同类参数的 PTC 电加热器进行更换	
2	风道维护	检查是否发生堵塞	□正常 □异常	若发生堵塞必须进行彻底清理	
3	高压线束维护	检查高压线束有无磨损	□正常 □异常	若磨损应进行更换	
		检查高压线束有无松动	□正常 □异常	若松动需进行固定	
		检查高压线束接头有无松动	□正常 □异常	若松动需进行固定	

小结

　　本项目主要针对现代汽车的非独立式空调制冷系统进行介绍，可使读者掌握汽车空调制冷系统包括电动汽车空调制冷系统的结构、原理等方面的相关知识，了解两类空调制冷系统的控制电路工作原理。同时，读者通过完成汽车空调制冷系统的使用与维护、检测、拆装等过程实施，可达到会使用维修专用工具、维修设备，能对汽车空调制冷系统不工作或工作不正常等常见故障进行分析，并能够对故障进行检修操作的目的，为读者在汽车及电动汽车空调制冷系统的检修等方面奠定坚实的理论和技能基础。

习　题

1. 传统汽车空调制冷系统中，制冷剂的循环过程是什么？
2. 储液干燥器的作用是什么？
3. 简述冷冻润滑油的加注过程。
4. 叙述汽车空调制冷系统抽真空、加注制冷剂的过程。
5. 电动汽车空调制冷系统是如何实现制热的？

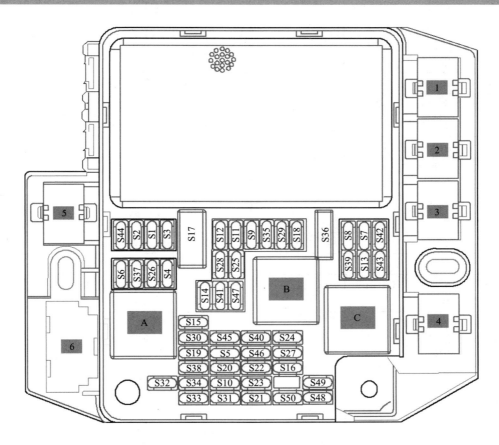

A	燃油泵继电器	1	10芯对接插头 T10k，橙色
B	X触点卸荷继电器	2	10芯对接插头 T10n，蓝色
C	主供电继电器	3	10芯对接插头 T10s，红色
		4	未占用
		5	未占用
		6	16芯诊断接口 T16，黑色

保险丝位置

编号	用电器	电流/A	编号	用电器	电流/A
S1	左近光灯	10	S24	安全气囊电源	10
S2	右近光灯	10	S25	CNG 控制器 30#	15
S3	牌照灯、夜间照明	5	S26	收音机 SU 电源、组合仪表	10
S4	ABS 控制器、ABS 指示灯	10	S27	倒车雷达电源、PDC	5
S5	氧传感器、KGH 碳罐电磁阀	10	S28	CNG 控制器 15#	10
S6	未占用		S29	转向灯、警报灯	15
S7	左侧驻车灯	5	S30	防盗控制器电源	10
S8	右侧驻车灯	5	S31	诊断接口电源	10
S9	BCM	5	S32 ~ S34	未占用	
S10	收音机 15#、电动后视镜、LIN 模块 15#	10	S35	雨刮器、内循环	15
S11	左远光灯、组合仪表	10	S36	鼓风机	30
S12	右远光灯	10	S37	燃油泵	20
S13	喇叭	10	S38	出租车预留 15#	10
S14	倒车灯、行李箱开启	10	S39	汽油车点火线圈、主供电继电器 458	20
S15	转速传感器、防盗控制器、发动机控制器	10	S40	喷油嘴	10
S16	组合仪表 15#	10	S41	离合器踏板开关、制动踏板开关、主供电继电器 458	10
S17	电动窗开关	20	S42	后窗加热	20
S18	门锁电机、行李箱开启电机、安全气囊	20	S43	雾灯、前照灯组合开关	15
S19	压力开关、风扇控制器	5	S44	脚制动开关	10
S20	收音机 30#、行李箱指示、室内灯	10	S45 ~ S48	未占用	
S21	组合仪表 30#	10	S49	风扇控制器	30
S22	雨刮控制器开关、洗涤泵电源、组合开关、前照灯组合开关	5	S50	未占用	
S23	点烟器	15			

起动电路

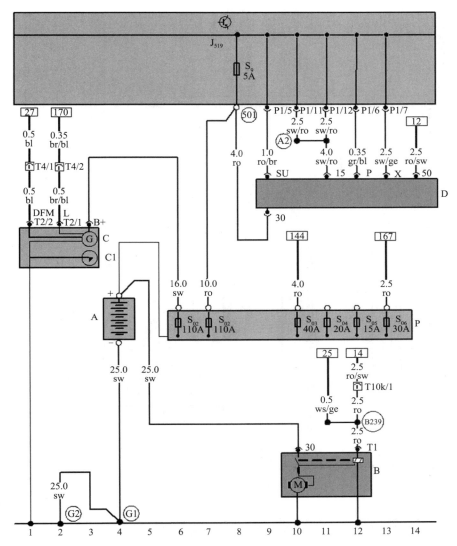

A	蓄电池	P1	12芯黑色插头与 E-BOX 对接
B	起动机	T1	1 芯黑色插头连接
C	三相交流发电机	T2	2 芯黑色插头连接
C1	电压调节器	T4	4 芯黑色插头连接
D	点火起动开关	T10k	10 芯橙色对接插头，在 E-BOX 上
J_{519}	E-BOX 控制单元	S_{04}	蓄电池上面的保险丝 4，20A
P -	主保险丝盒，位于蓄电池上方	S_{05}	蓄电池上面的保险丝 5，15A
S_{01}	蓄电池上面的保险丝 1，110A	S_{06}	蓄电池上面的保险丝 6，30A
S_{02}	蓄电池上面的保险丝 2，110A	S_9	9 号保险丝在 E-BOX 上
S_{03}	蓄电池上面的保险丝 3，40A		

中控锁

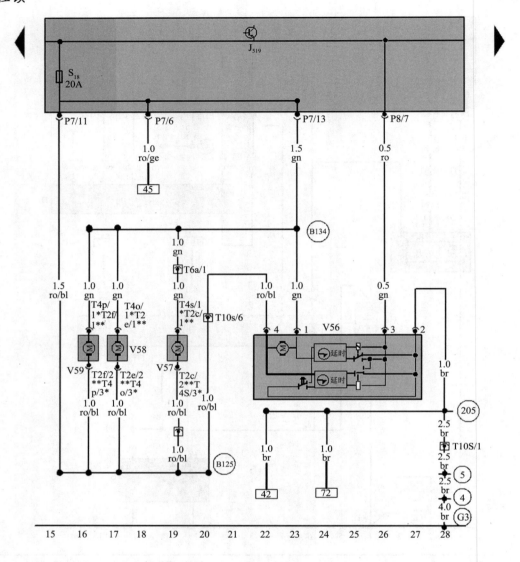

J₅₁₉	E-BOX 控制单元	T4p	4 芯插头连接
P7	15 芯棕色对接插头，在 E-BOX 上	T4s	4 芯插头连接
P8	23 芯绿色对接插头，在 E-BOX 上	T6a	6 芯对接插头
S₁₈	18 号保险丝，在 E-BOX 上	T10s	10 芯红色对接插头，在 E-BOX 上
T2c	2 芯插头连接	V56	左前门中控锁模块
T2e	2 芯插头连接	V57	右前门中控锁电机
T2f	2 芯插头连接	V58	左后门中控锁电机
T4o	4 芯插头连接	V59	右后门中控锁电机

左前门电动玻璃升降电路

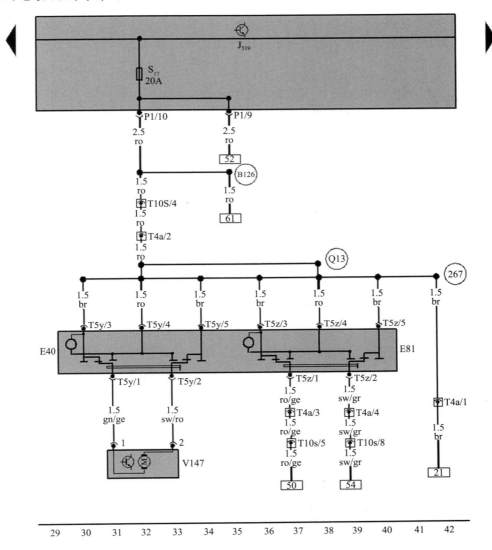

E40	左前门电动玻璃升降开关	T5y	5芯插头插接左前门电动玻璃升降开关
E81	右前门电动玻璃升降开关，司机侧	T5z	5芯插头插接司机侧右前门电动玻璃升降开关
J519	E-BOX控制单元	T10s	10芯红色对接插头，在E-BOX上
S17	17号保险，在E-BOX上	V147	司机侧玻璃升降电机
T4a	4芯对接插头		

右前门电动玻璃升降电路

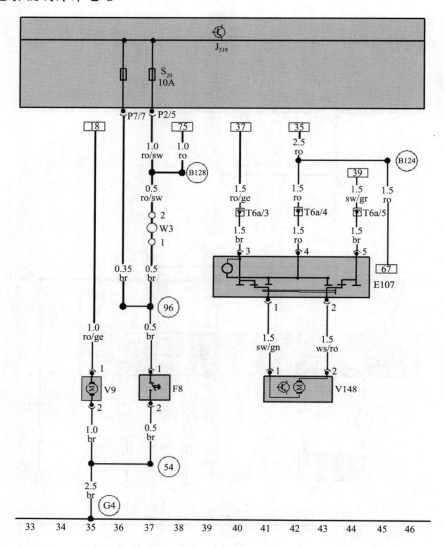

E107	右前门电动窗开关	S₂₀	20号保险，在E-BOX上
F8	行李箱机械开关	T6a	6芯对接插头
J₅₁₉	E-BOX控制单元	V9	行李箱开启电机
P2	13芯黑色插头，与E-BOX对接	V148	副司机侧玻璃升降电机
P7	15芯棕色插头，与E-BOX对接	W3	行李箱照明灯

左后和右后车门电动玻璃升降电路

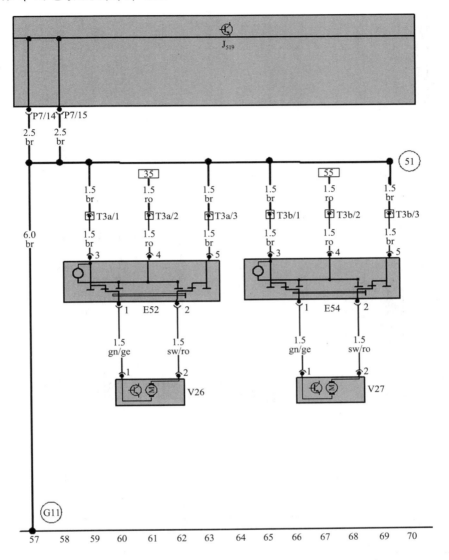

E52	左后车门电动玻璃升降开关	T3a	3芯对接插头
E54	右后车门电动玻璃升降开关	T3b	3芯对接插头
J$_{519}$	E-BOX 控制单元	V26	左后车门电动玻璃升降电机
P7	15芯棕色插头，与 E-BOX 对接	V27	右后车门电动玻璃升降电机

室内灯联锁开关电路

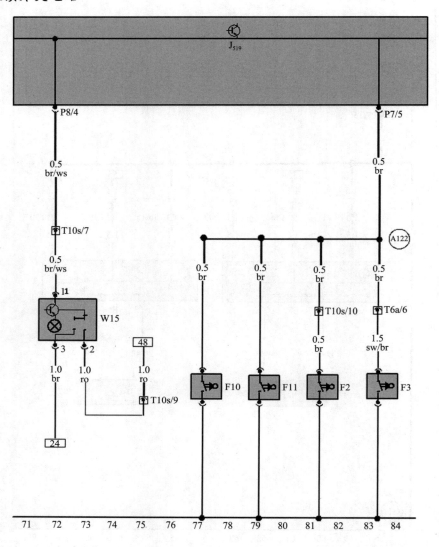

F2	左前门联锁开关	W15	室内灯
F3	右前门联锁开关	P7	15 芯棕色插头，与 E-BOX 对接
F10	左后门联锁开关	P8	23 芯绿色插头，与 E-BOX 对接
F11	右后门联锁开关	T6a	6 芯对接插头
J$_{519}$	E-BOX 控制单元	T10s	10 芯红色对接插头，在 E-BOX 上

雨刷电路

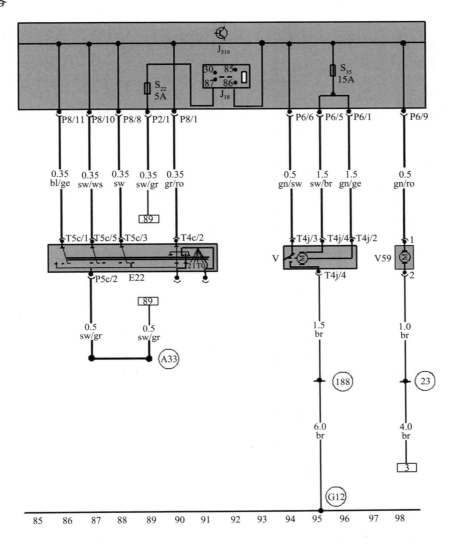

E22	雨刷开关	S₂₂	22 号保险，在 E-BOX 上
J₁₈	X 触点卸荷继电器	S₃₅	35 号保险，在 E-BOX 上
J₅₁₉	E-BOX 控制单元	T5c	5 芯插接件，在转向柱开关后
P2	15 芯黑色插头，与 E-BOX 对接	T4j	4 芯插接件
P6	10 芯黑色插头，与 E-BOX 对接	V	雨刷电机
P8	23 芯绿色插头，与 E-BOX 对接	V59	前风窗清洗泵

前组合前照灯、前转向灯、前驻车灯、喇叭电路

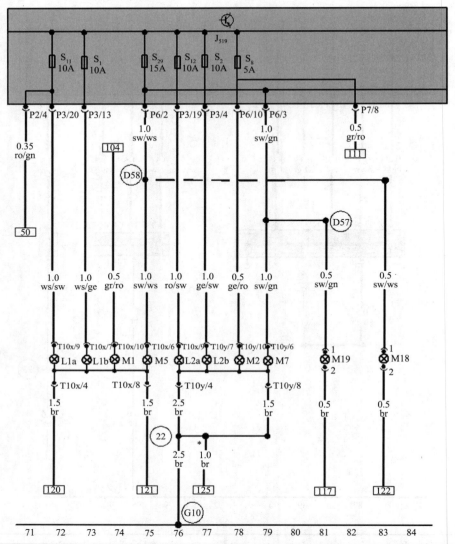

J_{519}	E-BOX 控制单元	P3	23 芯灰色插头，与 E-BOX 对接
L1a	左前照灯，远光灯泡	P6	10 芯黑色插头，与 E-BOX 对接
L1b	左前照灯，近光灯泡	P7	15 芯棕色插头，与 E-BOX 对接
L2a	右前照灯，远光灯泡	S_1	1 号保险丝，在 E-BOX 上
L2b	左前照灯，近光灯泡	S_2	2 号保险丝，在 E-BOX 上
M1	左驻车灯	S_8	8 号保险丝，在 E-BOX 上
M2	右驻车灯	S_{11}	11 号保险丝，在 E-BOX 上
M5	左前转向灯	S_{12}	12 号保险丝，在 E-BOX 上
M7	右前转向灯	S_{29}	29 号保险丝，在 E-BOX 上
M18	左侧转向灯	T10x	10 芯插头丝，插接左前照灯
M19	右侧转向灯	T10y	10 芯插头丝，插接右前照灯
P2	15 芯黑色插头，与 E-BOX 对接		

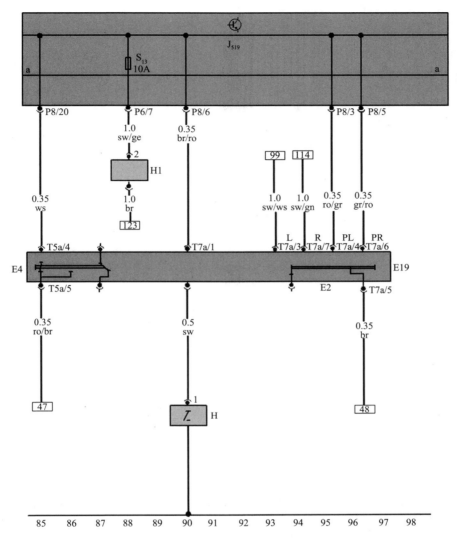

E2	转向灯开关	P8	23 芯绿色插头,与 E-BOX 对接
E4	变光开关	S_{13}	13 号保险,在 E-BOX 上
E19	驻车灯开关	T5a	5 芯插接件,转向柱开关后
H	喇叭按钮	T7a	7 芯插接件,转向柱开关后
H1	喇叭		